Weinhm, Menzgn, Oos, Baden-B.; *dsélvriš* Schwetzgn u. Umg.; *dsélvrix* Handsch., Jöhlgn; *dsələrī* Heidelbg; *sęlərįš* Oftershm; *dsélərį* Hettgn, O.scheffl., Altenhm; *dsęlərix* verbr. Kraichgau, Sasb. (Achern), Münchw., mancherorts Breisgau; *dsęləri* mancherorts Bruhrain; *sęlvrix* Östrgn, O.weier (Rast.); *dsélvrix* Rapp., Zaisenhsn, Mörsch; *dsélvrig* O.weier (Rast.); *sęl(v)rį* Ottersd.; *dsaləri* Auenhm; *saləri* Altenhm; *dsęlərig* Gengenb., Lahr; *dsęlərix* Münchw., Reute (Emm.); *sęlərī* Endgn; *dsęlərix* Dattgn, Mauchen (Müllh.); *dsęlrix* Vögishm; *tsęlrix* St. Blasien; *tsęlərv* mancherorts Klettgau; Pl.: *tsélərə* Stockach. – m., (f.): PflN; ‚Apium graveolens', beliebte Gartenpflanze, die schon im zeitigen Frühjahr angebaut wird, zum Würzen von Suppen und anderen Gerichten sowie als Gemüse verwendet Platz 296, H. Schmitt² 137, Bräutigam So 157, Herwig-Schuhmann 150, Lenz WB. 65a, Roedder Vspr. 526a, Frei Schbr. 186, Liébray 275, Lehr Kurpf.² 168, Humburger 215, Bruhr. 166, Schwarz 97, Odenwald MPh. 120, Ruf 36, Meng 266, Fohrer 195, Schwendemann Ort. 1, 67, Fuchs 27, Rapp./ZfHdMu. 2, 122, Zaisenhsn/ZfdMu. 1907, 279. 1909, 176, O.weier (Rast.)/eb. 1916, 282. 325, Handsch., Baden-B./eb. 1917, 168, Münchw./Mitteil. 1944, 409, Breisgau, Klettgau/Alem. 43, 152; im Volksglauben gilt der Genuss von S. als sexuell stimulierend: *Sellärich mechd këffärich* Dischinger 175 (vgl. → *käferig 1. 2*, wo die eb. gemeinte Bed. jedoch nicht erwähnt wird). – Aus it. *selleri*, Pl. einer nordit. Form von it. *selano* (laut Kluge 666). Die Entstehung der Formen mit *ts-*, *ds-* im Anlaut ist nicht eindeutig geklärt (vgl. Schweiz. 7, 738). – Weiteres → *Lauch 1, Magd 2*; vgl. *Geilwurz*. – DWb. 10/1, 539; Els. 2, 350 (*Sellerig*); Fischer 5, 1355. 6/1, 1117; H. Marzell Wb. 1, 354; Pfälz. 6, 65; Schweiz. 7, 737; SDS VI, 185; Südhess. 5, 987.

Sellerie-knollen „Zellerischknolle" Weinhm; *dsęlərignolə* O.scheffl.; *dsęlərəgnolə* Konst. – m.: ‚halb unterirdisch wachsende, fleischige Verdickung/Rübe der Selleriepflanze' H. Schmitt² 137, Roedder Vspr. 526a, Joos 114. – DWb. 10/1, 540; Südhess. 5, 987.

Sellerie-kopf *dsélərıškob* so und ähnlich Weinhm, Schriesm, Eberb.; „Zellerichkopp" Mannhm; „Zellerischkopf" Sandhsn. – m.: Schimpfwort ‚abfällige Bezeichnung für den (großen) Kopf eines Menschen' Mannhm Gr. 178, Lehr Kurpf. 135; Gassenvers: *De H... (Name) mit seim Zellerischkobb, / der gejd in Stall un melgd de Bogg. / De Bogg, der schmeißd de Kiwwl um, / de H...fliegt im Scheißdregg rum* Herwig-Schuhmann 150, ähnlich H. Schmitt² 137. – Zum Grundwort und zu Syn. s. → *Kopf*. Weitere Syn. → *Maser 3, I Massel, Möckel, Moppel 1a, Mostapfel 2, Muni 2d*. – Pfälz. 6, 65; Südhess. 5, 988.

Sellerie-pomade → *Zellerspomade*.

Sellerie-salat *dsęlərixsalād* so und ähnlich Heidelbg, Östrgn; *dsęlərixsalād* Münchw. – m.: ‚aus zerkleinertem → *Sellerie* mit einer Marinade hergestellte kalte Speise' Dischinger 229, Schwendemann Ort. 1, 68; *Frei disch, Fridsl, frei disch, Fridsl, morge gibds Selleriesalaad* Bräutigam Mach 114; *Keensch mer heit emool widder 4 Aaier un e Schissl Zällerichsalaad mache, Kadriene, doo sosch noot aa doi Fraaid dräa häwwe!* Humburger 215. – DWb. 10/1, 540; Fischer 6/1, 1117; Pfälz. 6, 65; Südhess. 5, 988.

Sellerie-salbe → *Zellerssalbe*.

Selleriewurzel-salat *dsaləriwordslsalād* Rheinbisch. – m.: dass. wie → *Selleriesalat*.

Sell-hofen: 1) FlN auf der Gemarkung Schweinberg Krieger 2, 980. – 2) † ON, bei Liggeringen Alem. 35, 148; Ende 14. Jh. *Selhoffen* Krieger 2, 981. – Zu mhd. *selde* ‚Wohnung, Haus, Herberge'. – Vgl. *Seldenberg*.

selli ‚sehr' → *solch*.

Sellig *sęlix* Rapp. – m.: FlN Rapp., auch → *Sal(en)grübe* genannt Meis. Wb. 152b. – Zu → *Sale, Säle* ‚Salweide', mhd. *salhe*.

Selmanns-gut n.: FlN Orsgn, nach seinem Inhaber oder Nutzungsberechtigten benanntes → *Gut 1a* Hegau-Flurn. I, 48; 1477 *selmans gůt* eb. – Vgl. *Linders-, Mangolds-, Seckler(s)gut*.

Selmling ‚Lachs' → *Sälmling*.

selsch *sęlš* Maulburg. – Adv.: ‚dort (drüben)'. – Geht wohl wie → *selt* auf mhd. *sëlp, sëlb* in adverbialem Gebrauch zurück. – Vgl. *I dei, dort 1*. – Els. 2, 355 (*seltsch*); Schweiz. 7, 833 (unter *sëlb*).

selt *sęld* verbr. Taubergrund u. östl. der Tauber, Walldürn, Mudau, Buchen, Hainst., Windischbuch; *sed* mancherorts Kurpfalz, Bruhrain, Kraichgau, Erlenb., Bulach; *sęd* Neckarhsn, Handsch., O.scheffl., Plankst., verbr. Kraichgau, Bruhrain, Feudenhm, Hochstet. (Link.), Mörsch, Forchhm (Karlsr.); *sęld* O.bierderb., Katzenmoos, Hornbg (Schwwaldb.), Tribg, Jost.; *sęlt* Gütenb., St. Märgen, Neuk., Schollach, Neust., Lenzk., Mundelfgn, Minseln; *sęl(d)* Lenzk. – Adv.: 1) a) räumlich: ‚dort' Heilig Gr. 79, Herwig-Schuhmann 113, Bräutigam 74. 122, Frei Schbr. 148, Lenz WB. 65a, Lehr Kurpf.² 135, Roedder Vspr. 525b, Odenwald MPh. 100, Bruhr. 156, Meis. Wb. 153a, C. Krieger Kraich. 145, Graben/Umfr., Wagner 182, Boger 19, Trenkle Al. 203, M. Braun 148, St. Märgen/Schulheft 1968, 14, Meis. VW. 37, Rapp./ZfHdMu. 2, 119, Zaisenhsn/ZfdMu. 1907, 276, Rapp./eb. 1908, 203; *gug sęlt* ‚schau dort' 1972 Mundelfgn; *sät ischer* ‚dort ist er' Humburger 171; *sädd kummt er* ‚dort kommt er' eb.; *dər mā sęld* ‚der Mann dort' Hornbg (Schwwaldb.); *sęld, gands hįnə* ‚dort, ganz hinten' Ketterer 28; *guck nett sett hin* ‚sieh nicht dort hin' Epfenb.; *sëlt uf dr andere Site fum Schtübli* ‚dort, auf der anderen Seite der Stube' O. Fwglr 15; *selt an dr Wand* eb. 19; *blib nu sęlth* ‚bleibe nur dort' (Anweisung zur Unterbrechung einer bereits begonnenen Bewegung) Ketterer 44; *Wass liggd-n sëdd?* ‚Was liegt denn dort?' Dischinger 175; *Bisch schunn sëdd gwësd?* eb.; *säld han i ən gseenə* Fleig 117; *sädd iwwerem Weilermer Dorn kummt awwer widder ein Butze* ‚dort über dem Weilermer Turm kommt ein Regenschauer' Humburger 209; *sęl bįn į au mǫl gsi, wo-n-i soldā gsi bį dųnə* ‚dort bin ich auch einmal gewesen, als ich Soldat gewesen bin drunten (d. h. in Freiburg).' Ketterer 42; *giw ëwëng Acht sëlt!... kintsch awikeië* ‚sei vorsichtig dort, du könntest herunterfallen' O. Fwglr 17; *Guk! sëlt isch e Vögili ufgfloge* eb. 57; *Do gäischt erscht unne anne, dann owe verre und dann bisch sett* (scherzhaft, in Nachahmung der Odenwälder Sprechweise) H. Schmitt² 118; *Uff em Hälmesack (Bettsack, → Hälme(n)sack) sällt walet (wälzt) / Rom (herum) dr Sepp on schreit drzue* Mein Heimatl. 4, 105; *Gell, der hen g'meint bi Mannem dunte am lustige Necker / Selt seig 's Land, wu d' Milch un der Honig fließe?* A. Hermann 51. – b) allgemeiner: ‚da' St. Märgen/Schulheft 1968, 14; *Die dumme Streich, di selle könner bhalte, / Nu mit dr Weisheit, selt blibts bi eu bim alte* Nitz 27; *Im Früajor ... isch dro no e ander Liad agange. Sält hätes au ghaise ...* O. Fwglr 66; *Newëhär isch au no dr Gärtë gmacht wörë, sëlt hät mer ëxterë faise Mischt* (‚besonders fetten Mist', vgl. → *extra*

1a, feist) un no weng itilichë (,unvermischten', vgl. → *eitelich) fum Hüsli derzůa gnou* eb. 56. – **2)** zeitlich: ,damals' JOST.; *isch wòa sedd nädd dabei* ,ich war damals nicht dabei' FREI SCHBR. 148; *wo mer no klai gsi sin, selt het iis üser Mueder vum Beddzitglungi verzehlt* ST. MÄRGEN/Schulheft 1968, 14; *E mol, i bin sëlt no e zimli klëi Büabli gsi, …* O. FWGLR 64; *Ä mol, s kint im Sibënëfufzgerjôr gsi si, …Sëlt isch … an em Owe ales obs Hûs ufi gange un hät an Himel ufi guket* eb. 62; *Sider sëlt hät dr Hund kai Miksli me gmacht un isch gar nint me gsi* eb. 28; *un fo selt a hät er mi au nîame so lang warte lou* eb. 70. – Beruht auf mhd. *sëlp, sëlb* in adverbialer Verwendung; heute nur noch in obd. Mundarten gebr. (vgl. DWB. 10/1, 423). Zur Etym. und auch zu den bei uns häufig bel. Formen mit Tilgung des -*l*- s. a. SCHWEIZ. 7, 834. – Weiteres → *anzügig 2, darin, Krautschwaben, liegen B2a, Mistschere, Sauzuber*; zu Bed. 1a vgl. *I dei, dort 1,* zu Bed. 1b vgl. *da 2,* zu Bed. 2 vgl. *selb(en)mal(s).* – DWb. 10/1, 507 (unter *selbt*); Els. 2, 355 (*seltsch*); Fischer 5, 1344; Schweiz. 7, 833 (unter *sëlb*); Südhess. 5, 986 (*selbt*).

selt-ane, -annen *seltani* WERTHM; *sędanə* O.SCHEFFL.; *sędánə* PLANKST., DILSBG; *sətanə* WIESLOCH. – Adv.: **1)** ,dort, an jener Stelle' TREIBER 14, T. RAUPP 110; *wu lait s n? - sędânə lait s jo!* ,Wo liegt es denn? - Dort liegt es ja!' ROEDDER VSPR. 525b. – **2)** ,dorthin, an die erwähnte Stelle hin' WIBEL MU. I, 109, DILSBG. – Zum Grundwort s. → *ane, annen.* – Vgl. *II danne(n), dort 1.* – Schweiz. 7, 833 (unter *selb*).

selt-dabei Adv.: ,dabei', verstärkend; *No selem wäre si gœrtët, un sält derbi haist's ufbast das mer de Schtâl it ferbrent* O. FWGLR 32. – Vgl. *dadabei* (unter *dabei*).

selt-dannen *sędanə* SCHWETZGN; *sedanə* SANDHSN; *sędanə* ÖSTRGN. – Adv.: **1)** räumlich: ,dort, dort drüben' GÖTZ 59, DISCHINGER 175; *sett danne ischs gschdanne* ,dort hat es gestanden' LEHR KURPF.[2] 135; *sedd dannä schbülä dii Kinna* FREI SCHBR. 148. – **2)** zeitlich: ,damals' LEHR KURPF.[2] 135. – Zum Grundwort s. → *danne(n).*

selt-drannen *sędránə* RAPP. – Adv.: ,dort' (im Ggs. zu *dohánə* ,hier, auf dieser Seite/Stelle') WAGNER 182, RAPP./ZFDMU. 1908, 203. – Zum Grundwort s. → *drannen 2.*

selt-drauß(en) *sędráus* RAPP. – Adv.: ,dort draußen' MEIS. WB. 153a. – Zum Grundwort s. → *drauß(en) 1.*

selt-drin *sęld drịn* 1968 O.BIERDERB. – Adv.: ,dort drin'. – Zum Grundwort s. → *darin.* – Vgl. *drannen 2.*

selt-droben *sędrówə* RAPP. – Adv.: ,dort oben' MEIS. WB. 153a, RAPP./ZFDMU. 1908, 203. – Zum Grundwort s. → *droben.*

selt-d(r)üben *sędriwə* RAPP., *sendiwə* WEILER (PFORZH.). – Adv.: ,dort drüben' BOGER 19, RAPP./ZFDMU. 1908, 203. – Zum Grundwort s. → *düben 1, drüben.* – Vgl. *dä, denen, enen, jenen-am-Ort-(d)enen.*

selt-drunten *sędrúnə* RAPP. – Adv.: ,dort unten' MEIS. WB. 153a, RAPP./ZFDMU. 1908, 203. – Zum Grundwort s. → *drunten.*

selt-dure „*sélldüri*" 1919 URACH. – Adv.: ,dort hinüber'. – Zum Grundwort s. → *dure 3a.* – Vgl. *durezu, enen, hinum.*

selten *sęldə* WERTHM, OFTERSHM, ÖSTRGN; *sęlə* Umg. von BUCHEN; *sęldə* BUCHEN, HANDSCH., O.SCHEFFL., verbr. Kraichgau, MÖRSCH, verbr. westl. Ortenau, O.BERGEN, BREISACH, SCHÖNWALD, GÜTENB., WIESLET; *sąldə* HONAU, AUENHM, KIPPENHEIMWLR, JECHTGN, GRISSHM, ISTEIN; *sęldə* MÜNCHW.; *sęldɐ* REUTE (EMM.); *sęlta* ESCHB. (WALDSH.); *sęəltə* LIGGERSD., KONST. – Adj.,

Adv.: ,nicht häufig, rar' PLATZ 296, BREUNIG 35, ROEDDER VSPR. 526a, LENZ WB. 65a, LIÉBRAY 275, REICHERT 16, MEIS. WB. 152b, DISCHINGER 175, HARTMANN 65, MENG 112, WILLINGER 75, SCHWEICKART 51, SCHECHER 92. 115, BAYER 61, METRICH 142, SCHWENDEMANN ORT. I, 182, BRUNNER 72, SCHWER 30, KLAUSMANN BR. 22, CLAUDIN 77, GESSER 29. 124, E. DREHER 55, JOOS 92; *hegschd sąldə* ,sehr selten' SCHWENDEMANN ORT. 2, 47; *ən sęltənə fål* (Fall) W. ROTHMUND 26; *Dich ha wi sälde gään* BRAUNSTEIN RAA. 28; *sou was kummd selldä foa* ,so etwas geschieht nicht oft' FREI SCHBR. 149; *Machd si jo sälde. Hiddowe* (heute Abend) *- usnaamswiis!* (ausnahmsweise) GÜTENB.; *Awer so billig kund de Mensch hald nu sälde defoo* (davon) eb.; *„Des leid ich nit; so Militärliebschafte / Die führe selte zu was Guts bei so 'me Mädel"* NADLER 133; *Un 's Ärgscht is, mar kannem selde zu Leib* eb. 149; Sprichw.: *Prahler sin sälde Duer* ,Menschen, die prahlen/angeben, gehören selten zu den tatkräftigen' ALTENHM; *Ä Gelehrder isch sälde vum Himmel keyd* ,es braucht seine Zeit, sich Wissen zu erarbeiten' eb.; *'s kummt selde ebbes Bess(er)s nooch* ,anstelle einer bestimmten Sache/Person folgt selten etwas/jemand Besseres' LITTERER 308, ähnlich HUMBURGER 186 (gesagt bei Neubesetzung einer Stelle, s. u. → *nachkommen 1).* – Ahd. *seltan, selten,* mhd. *sëlten.* – Weiteres → *allein 1, Aprillenblut, Bett 1, Pfaffe 1d, treffen 5, dritte, Kind 1a, Kuh 1, Ladenglocke, oft, Sache 1a*; vgl. *unter-, wunderselten*; vgl. *rar, speziell.* – DWb. 10/1, 542; Els. 2, 355; Fischer 5, 1356; Pfälz. 6, 66; Schweiz. 7, 871; Südhess. 5, 988.

Selten-bach m.: **1)** FlN, Gewässername NEUNKIRCHEN, KIPPENHM, WALDSH.; 1464 *der seltenbach* NEUNKIRCHEN/ZFDMU. 1910, 229; 1653 *am Seltenbach* W. KLEIBER KIPP. 92; „Die Volksetymologie, er heiße *Seltenbach,* weil er „selten ein Bach" sei, ist sachlich wie sprachlich unmöglich, denn der Bach führt fast das ganze Jahr Wasser …" GÖTZE WA. 113. – **2)** FlN, volksetymologisch erklärt als spärlich tragende Äcker, von deren Getreide man nur selten backen kann NEUHSN (PFORZH.)/UMFR. – Gemäß GÖTZE WA. 113 zu ahd. *salida,* mhd. *selde* ,Bauernhütte'. Ein Zusammenhang mit am Ufer des Baches wachsenden Salweiden ist jedoch ebenfalls denkbar (vgl. → *Seltenwuhr).* – Vgl. *Filmersbach, Seldenberg.* – Fischer 5, 1356 (unter *selten*). 6/2, 3103; Pfälz. 6, 66.

Selten-eck „*Seldeneck*" PHILIPPSBURG; *sęldəneg* ÖSTRGN. – m.: Übername; ,komischer, eigenartiger Mensch, der Seltenheitswert genießt, → *Sonderling*' DISCHINGER 175; *Dess isch doch enn Seldeneck, enn malefizze* ODENWALD MPH. 100. – Vgl. *Original, Unikum.* – Fischer 5, 1356 (unter *selten*).

Selten-fröhlich *sęldəfrēliš* so und ähnlich verbreitet Kurpfalz; *sęldəfrēliχ* so und ähnlich SANDHSN, ÖSTRGN, JÖHLGN, BIETIGHM. – m.: Schimpfname, Übername; ,ernster, launischer, mürrischer, seltsamer Mensch' HERWIG-SCHUHMANN 113, FREI SCHBR. 149, LEHR KURPF.[2] 135, HASSMERSHM/UMFR., SCHWARZ 114, RITTLER 123, 1905 ETTENHM; *e Sältefröhlich* FELDBG/MARKGR. 1971, 149; *Dess hodd sou änn richdichä Sëldäfreelich gëwwä* DISCHINGER 175. – Vgl. *Sonderling.* – Pfälz. 6, 66; Südhess. 5, 989.

Selten-heit *sąldəhaid* REUTE (EMM.); *sąldəhaid* PFAFFENWLR (FREIB.). – f.: ,eine nicht häufig vorkommende Sache'; *das ist eine sąldəhaid, daß ich …*,das unterläuft mir selten, den Fehler mache ich nicht oft' 1952 PFAFFENWLR (FREIB.). – Vgl. *Kunterbo, Rarität.* – DWb. 10/1, 546; Schweiz. 7, 872; Südhess. 5, 989.

Selten-wuhr n.: FlN, Stauwehr/Kanal zum Ableiten von Wasser KUNZE HOTZENWALD 191f. – Zum Grundwort s. → *Wuhr* ‚Stauwehr, Gewerbekanal'. Das Bestimmungswort weist laut Kunze Hotzenwald 192 auf am Ufer des Kanals befindliche Salweiden (→ *Sale*) hin.

Selters-wasser „*Seldersswasser*" Mannhm; sęltərswassər Konst. – n.: ‚Mineralwasser' Bräutigam So 128, Joos 92. – Vgl. *Sauer-, Selzer-, Sodawasser, Sprudel.* – DWb. 10/1, 547; Pfälz. 6, 67; Südhess. 5, 989.

† **selt-geredet** Adj.: ‚dort, an anderer Stelle (weiter oben) bereits erwähnt, oben genannt'; 14. Jh. *seltgeredt* Wibel Mu. III, 25. – Zu → *selt 1a* und → *I reden.* – Vgl. *obgedacht.*

selt-hannen sęthánə Rapp. – Adv.: ‚dort' Meis. Wb. 153a. – Zum Grundwort s. → *hannen.* – Vgl. *seltane 1.*

selt-her sęthęv Rapp. – Adv.: ‚von der (erwähnten) Stelle/Richtung her, → *dorther*' Meis. Wb. 42a.

selt-hinan sędnā O.scheffl.; setnā Heidelbg; sętnā Rapp.; sędnō̃n Forchhm (Karlsr.). – Adv.: ‚an die erwähnte Stelle hin, → *dorthin*' 1931 Seckenhm, Roedder Vspr. 468b, Meis. Wb. 46b. 107b; *sett na(n) gee(i)n* ‚dorthin gehen' Humpert Mudau 206; *së muasch halt zerscht no mitmer hinteri guke bis sęlt na* O. Fwglr 2; *bis sęlt na gęnmer ezgo no gar* ‚bis dahin gehen wir jetzt gleich noch vollends' eb. 27. – Zum Grundwort s. → *hinan 1.* – Vgl. *seltane 2, hinzus.*

selt-hinten sędhinə so und ähnlich mancherorts Kurpfalz; sęthinā O.scheffl.; sęthīnə Rapp. – Adv.: ‚dort hinten' H. Schmitt² 118, 1931 Seckenhm, Lehr Kurpf.² 135, Roedder Vspr. 525b, Meis. Wb. 153a; Ggs. → *dahinten.* – Vgl. *hinten 6.* – Schweiz. 7, 834 (unter *selb*).

selt-neben Adv.: ‚dort nebenan'; *Sett newe gehts in unsern Schtall* Nadler 99. – Vgl. *daneben.*

selt-oben sędówə O.scheffl. – Adv.: ‚dort oben' Roedder Vspr. 526a; *Sęlt owe an s Schtǟfes hǟr sīt mer grad d Lęschaidi* O. Fwglr 52; *Mēr kume filicht nōhēr no emōl sęlt owe drdūr* eb. 18; *sęlt owe an sęlem Hōke hangęt d Bōm- un d Schbāsäge* eb. 22. – Weiteres → *Lehenscheide 1*; vgl. *doben 1, seltdroben.* – Schweiz. 7, 833 (unter *selb*).

seltsam seldsōm Sandw.; sǫldsam Münchw., Reute (Emm.); sęldsǟm Bomb., Bötzgn; seltsem mancherorts ob. Markgräflerland. – Adj.: ‚eigenartig, sonderbar, ungewöhnlich' G. Müller 34, Schwendemann Ort. 2, 48, Glattes 26; *Fridli het men em gsait, un het's e seltseme Bueb gee, / isch's der Friderli gsi in syner Jugend, das waiß i!* Hebel 16, 9. – Ahd. *sęltsāni*, mhd. *sęltsæne* ‚seltsam, wunderbar, fremdartig, unbekannt'. – Weiteres → *Anstand 2, II Schnurre 1*; vgl. *besonderbar 1, possig 2, eigen 2, gespässig 2, kobäß 2, komisch, kühn, kurios 1, merkwürdig, nauserig, sängiljee 1, sonderbar.* – DWb. 10/1, 547; Els. 2, 355; Fischer 5, 1356; Pfälz. 6, 67; Schweiz. 7, 872; SDS VIII, 28; Südhess. 5, 989.

selt-unten sędúnə O.scheffl. – Adv.: ‚dort unten' Roedder Vspr. 526a. – Vgl. *seltdrunten.* – Schweiz. 7, 833 (unter *selb*).

selt-vorne sedfornə Weinhm, Sandhsn. – Adv.: ‚dort vorne' H. Schmitt² 118, Lehr Kurpf.² 135; *Sǟlt forne bim Schächli* O. Fwglr 27. – Vgl. *davorne(n), dort 1.*

selt-wegen sę(l)twęi̯ɣə O.scheffl.; seldwęi̯ə Mingolshm. 156. 164. – Adv.: ‚deswegen, deshalb' Roedder Vspr. 526a, Bruhr. 156. 164. – Vgl. *selbenweg 1.*

Selzau selsau Diershm. – f.: FlN, Rheinwald Diershm/Bad. Flurn. I, 6, 35; 1697 *Selzaw, Seltzhau* eb.; 1800 *Selzen* eb.; 1840 *im Selz Au* eb. – Viell. wie → *Selzen* zu mhd. *salse, sälz* ‚(salzige) Brühe'.

Selzau-wasser n.: FlN, Altrheinarm Diershm/Bad. Flurn. I, 6, 20. 36.

Selzen sęldsə Kippenhm. – m.: FlN, Wiesen und Äcker zwischen Kippenheim und Mahlberg W. Kleiber Kipp. 92; 1330 *In dem selzen* eb.; 1537 *hinder dem Dorf in Selz* eb.; 1687 *im Seltzen* eb.; 1780 *im Selzen* eb.; 1870 *Ober-, Unter-, Mittelselzen* eb. – Laut Kleiber Kipp. 92 viell. zu mhd. *salse, sälz* ‚(salzige) Brühe'. – Südhess. 5, 990.

Selzen-brückle n.: FlN Kippenhm/W. Kleiber Kipp. 93; 1687 *Seltzenbrückle, -brückel* eb.; 1780 *Seltzenbrückle* eb.; 1808 *Selzenbrückle* eb.

Selzen-weg sęldsəwęg Kippenhm. – m.: FlN, Feldweg W. Kleiber Kipp. 93; 1687 *Am Seltzenweg* eb. – Südhess. 5, 990 (*Selzerweg*).

Selzer-wasser n.: ‚Mineralwasser, Sprudel' mancherorts Kurpfalz, Achern, Waldkirch (Elzt.), Arch. Pharm. 1922, 171, Beitr. 45, 142; *Die hauwe Seltserwasser ghadd un Wein* Nadler 75. – Vgl. *Seltersvasser.* – Pfälz. 6, 67; Schweiz. 16, 1832; Südhess. 5, 990.

Selz-hag f.: FlN, genaue Lage unbekannt Diershm/Bad. Flurn. I, 6, 36; 1653 *in der Selz Hag* eb. – Zum Grundwort s. → *Hag 1.* – Vgl. *Selzau.*

Selz-matte f.: FlN, nach einem Inhaber oder Nutzungsberechtigten benannte Wiese Schwarzach/Orten. 1975, 269; 1478 *die seltz matte stosset vff den soum nebent der speck in der kämersmatte* eb. – Zum Grundwort s. → *I Matte.*

Selz-mühle f.: FlN Freib./Bad. Flurn. I, 3, 230; 1723 *gegen der seltzenmühle* eb. 242; 1758 *Seltz- oder Ziserlinsmühle* eb. 286. – Vgl. *Ziserlinsmühle.* – Südhess. 5, 990 (*Selzermühle*).

Semafor sémafōr Karlsr.; sęmafōr Stockach. – n.: ‚Bahnschranke, Signalanlage bei der Eisenbahn' Fuchs 42. – Aus franz. *sémaphore* ‚Signalmast'. – Vgl. *Schellenwerk, Schranke.* – Pfälz. 6, 67 (*Semaphor*).

Semde n.?: FlN Köndrgn, Emmendgn, Holzhsn; 1327 *ze semden* Roos 232. – Mhd. *sem(e)de* (f./n.) ‚Schilf, Ried, Binse'. – DWb. 10/1, 557; Els. 2, 358 (*Semese*); Fischer 5, 1358. 6/2, 3103; Schweiz. 7, 989 (*Semd*); Südhess. 5, 990.

Semenung s. u. → *Samnung 2.*

Seminar seminår Freib. – n.: ‚erzbischöfliches Gymnasialkonvikt' 1925 Freib. – Aus lat. *sēminārium* ‚Pflanz-, Baumschule'. – Vgl. *Pfaffenfabrik, Kapaun 2.* – DWb. 10/1, 558; Els. 2, 358 (*Seminari*); Fischer 5, 1358; Pfälz. 6, 67; Schweiz. 7, 953; Südhess. 5, 991.

Semmel sémęl Werb., Hochhsn (Tauber); siməl so und ähnlich O.weier (Rast.), Ottersw., Ottenhm, Rust, mancherorts ob. Markgräflerland; semə Diershm; semə Frickgn. – m.: **1)** ‚feinstes Weizen-, Weißmehl' Diershm, Rust, Glattes 35, Gäng Hotz. 110, O.weier (Rast.)/ZfdMu. 1916, 283. – **2)** ‚geriebenes trockenes Weißbrot' Hochhsn (Tauber), Werb. – **3)** ‚aus hellem Teig hergestelltes Brötchen, → *Wasserweck*' O.weier (Rast.)/ZfdMu. 1913, 362; *Semmel schlage(n)* ‚den Semmelteig formen, → *aufwirken*' Baden-B./Orten. 1910, 166. – **4)** → ‚*Grieß 2*' Frickgn/Umfr. – Mhd. *sëmel(e), simel(e)* (f.) ‚feines Weizenmehl, -brot, Semmel', aus lat. *simila* ‚das feinste Weizenmehl'. – Vgl. *Auszug 4, Blütenmehl, Vorlauf 3, Null-, Schwingmehl.* – DWb. 10/1, 559; Els. 2, 358 (*Simmel II*); Fischer 5, 1358. 6/2, 3103; Pfälz. 6, 68; Schweiz. 7, 953 (*Simel*); SDS V, 193; Südhess. 5, 991.

Semmel-brot símlbrōt Stockach. – n.: ‚hartgebackenes Weißbrot', früher wurde es den Kindern zerrieben in die → *Schnuller 1* gegeben Fuchs 14b. 62. – DWb. 10/1, 563; Els. 2, 205 (*Simmelbrot*); Fischer 5, 1359; Schweiz. 5, 982 (*Simelbrot*).

Semmel-mehl símlmęl Lörrach. – n.: ‚feines

Weißmehl' NEUENB. STADTR. 114, BECK 119; *Kleie, Rauhmehl, Schwarzmehl, Semmelmehl rieselten nacheinander in die untergestellten Bütten* WÖRNER ORCHID. 404. – Weiteres → *läutern 1, Moldschere*; vgl. *Semmel 1*. – DWb. 10/1, 564; Fischer 5, 1359; Schweiz. 4, 222 (*Simelmel(w)*).

Semmel-mus *sęmelmues* SCHWÄBLISHSN, FRICKGN. – n.: ‚Grießbrei' FRICKGN/UMFR. – Gehört zu → *Semmel 4*; zum Grundwort s. → *I Mus 1*. – Vgl. *Grießbrei, -pappen*. – DWb. 10/1, 565; Fischer 5, 1359. 6/2, 3104; SDS V, 193.

Semmel-scheiben Pl., f.: ‚Süßspeise aus Milchbrotschnitten' STOCKACH. – Vgl. *Goldschnitten, Kartäuserklöße, Ritter 3b*. – Fischer 6/2, 3104; Schweiz. 7, 955 (*Schibe(n)simel*).

Semmete *sęmədə* so und ähnlich WERTHM, EIERSHM, mancherorts Bauland, Kraichgau; *sémədə* EBERB.; *sęmədə* O.SCHEFFL.; *sēməd* HETTGN; *dsēmədə* TAUBERBISCH., WERB., MESSELHSN; Dim.?: „*Zemmetli*" HARDHM; „*Semmettli*" MUDAU. – m. in HETTGN, sonst f. oder Pl.: **1)** ‚eine Speise, in der Pfanne in Fett gebacken und dabei zerstoßen' aus Mehl: 1894 EIERSHM/UMFR., PÜLFRGN, BREHMEN/UMFR., KATZENT./eb., „in Fett gedämpfter Teig, der zu kleinen Knöllchen verarbeitet wird" HETTGN, WALDWIMMERSB., RAPP./ZF HDMU. 2, 254, WALLDÜRN/ALEM. 34, 277, ZEHNTER 283, „aus Heidekornmehl" (= Buchweizenmehl) EBERB. GESCHICHTSBL. 1953, 15; aus Mehl und (geriebenen) Kartoffeln: PLATZ 296, TAUBERBISCH./HEILIG WB. 19, MOSB., HUMBURGER 186, DALLAU/BAD. HEIM. 1969, 384, „Freitagsspeise" WERB., „noch mehr zerbröckelt als das Verstorrte" (→ *Verstorrtes*) 1894 BEROLZHM/UMFR.; *o li"war got, los sęmədə węrə, gnębf sen š so!*, ‚o lieber Gott, lass es Semmete werden, Knöpfe (Klöße) sind es schon' ROEDDER VSPR. 526a; „Semeten zu bereiten gilt als Gipfel bäuerlicher Kochkunst" eb.; aus Kartoffeln: BEROLZHM/UMFR., „Kartoffelteig mit Grieben in Schweineefett gedämpft" FREI SCHBR. 146, „von gerösteten, fein zerstoßenen Kartoffeln" PÜLFRGN, „geriebene und gebackene Kartoffeln" HUMPERT MUDAU 208, 1988 HARDHM. – **2)** ‚eine Art Klöße' EBERB./UMFR., NÜSTENB./eb. – Die Lautungen mit Affrikata stehen viell. für durch Kontraktion mit vorangehendem Artikel enstandene Formen. Es ist jedoch auch nicht auszuschließen, dass das Gericht auf der Vorstellung einer aus verschiedenen Zutaten zusammengemischten Speise beruht (vgl. z. B. *Zusämmete* bei FISCHER 6/1, 1379), zur Wortbildung s. → *-et(e)*. – Weiteres → *verrecken 2*; vgl. *Storr-, Wecksemmete*. – DWb. 15, 214 (*Zämet*); Fischer 6/1, 1379 (*Zusämmete*). 6/2, 2878 (*Sämmete*); Südhess. 5, 991.

Semmeten-drücker Pl.: ‚Übername für die Bewohner von Dallau 1958 ADELSHM. – Bezieht sich auf die Speise → *Semmete 1*.

Semmeten-kittel Pl.: ‚Übername für die Bewohner von Dallau 1958 ADELSHM, DALLAU/BAD. HEIM. 1969, 384. – Bezieht sich wie voriger Übername auf die Speise → *Semmete 1*.

Semper *sęmbər* SAIG; *sęmpər* ALTGLASHÜTTEN, BÄRENT., FALKAU, RAITENBUCH; *sęmbr* ALTENSCHWAND. – m.: **1)** ‚Viehkrankheit beim Rindvieh (Lecksucht)', durch Kobaltmangel verursacht, die Tiere fressen nicht recht und bleiben im Wachstum zurück 1925 BÄRENT., FALKAU, ALTGLASHÜTTEN, RAITENBUCH, im Schwarzwald in manchen Gegenden auch als „Semper-Hinsch-Krankheit" bekannt (Südwestrundschau - Freiburger Rundschau, Nr. 220, 23. September 1955); *də sämbər* 1935 SAIG; s. a. → *Heunisch 2b*. – **2)** ‚wählerischer Esser, Feinschmecker' 1951 ST. BLASIEN, ALTENSCHWAND/MEIN HEIMATL. 1929, 206. – Zu Bed. 2 vgl. *I Nauser 2, Schlecker 1, II Schletzer, Schnäuker 1*. – DWb. 10/1, 568 (andere Bed.).

Semper-buck m.: FlN SCHWERZEN, abgegangene Wall-, Höhenburg KRIEGER 2, 960.

semper *sęmbər* WEISWEIL (EMM.), FREIB., HEITERSHM, MÜLLHM, SCHWEIGHOF, verbr. ob. Markgräflerland, GRAFENHSN I. SCHW., RIEDERN A. W., RÜSSWIHL, WEISWEIL (WALDSH.); *sęmpər* EICHSTET., mancherorts Wiesental, GERSB., ST. BLASIEN, mancherorts Hotzenwald, LAUFENBURG, WALDSHUT; *sęmbr* EBRGN (FREIB.), HÜGELHM, EFRGN-KIRCHEN, AY, RIEDERN A. W., SCHWERZEN; *sambr* mancherorts Markgräflerland; *sambər* LAUFEN, NEUENBURG A. RH., TEGERNAU, HAUSEN I. W.; *sampr* INZLGN, LÖRRACH; *sampər* GERSB., HASEL; *sęmpər* WEHR; *sęmpr* SCHLUCHSEE, TODTM., ROTZGN, BUCH (WALDSH.), GAISS, SÄCKGN; *sęmbę̣* SCHWERZEN. – Adj.: **1)** ‚wählerisch, heikel beim Essen/Fressen', über Menschen und Tiere gesagt BAUM ATB 192, FREIB., BECK 229, GLATTES 25, MEIS. VW. 37, 1951 ST. BLASIEN, GRAFENHSN I. SCHW., AY, RIEDERN A. W., 1923 WALDSHUT, SCHWERZEN, RÜSSWIHL/MEIN HEIMATL. 1937, 208; *die Kuh isch semper* ‚die Kuh frisst ungern' SCHMIDT, HEBR.JIDD. EICHST. 185; *Er (der Gaul) isch halt uding* (übertrieben) *semper* BURTE MAD. 157; *dèss isch en sämpere Chaib* (→ *Kaib 2*) SCHÄUBLE WEHR 127; *Pax Domyny ùnn bis itt sämper* Verballhornung von „Pax domini sit semper vobiscum" eb. 31; *Aber 's Vïeh isch semper, 's will allî Morge sy Gras ha / u̇ne Löckli Heu* HEBEL 36, 84. – **2)** ‚eigenartig, empfindsam, verwöhnt' WEISWEIL (EMM.); *bloß nit semper un verdruckt sii* JUNG BRÄGEL 14. – **3)** ‚wortkarg' FREIB. – Etym. nicht eindeutig geklärt. Im DWB. 10/1, 569 wird das Wort als Nebenform zu *zimper(lich)* angesehen (vgl. auch SCHWEIZ. 7, 990). – Weiteres → *rauh 3*; vgl. *semperig, sempern*; vgl. *nausig 2, schleck(er)ig* (dort jeweils weitere Syn.), *schnäderfräßig, schnauzlig*. – DWb. 10/1, 569; Fischer 5, 1360 (*semper II*); Schweiz. 7, 990; SDS VIII, 28; SSA II/31. 50.

Semperer m.: **1)** ‚Mensch mit körperlichen Mangelerscheinungen' mancherorts im Schwarzwald; *Semperer* Südwestrundschau - Freiburger Rundschau, Nr. 220, 23. September 1955. – **2)** ‚Eingebildeter, Hochmütiger'; *e zȩmbǝǝ* 1921 FREIB. – In Bed. 1 angelehnt an → *Semper 1*, Bed. 2 geht wohl eher auf → *semper 2* zurück. – DWb. 10/1, 569 (andere Bed.).

Semper-hof m.: ‚Bauernhof, auf dem die Viehkrankheit → *Semper 1* seit alter Zeit vorkommt' 1925 Gegend am Feldberg. – Vgl. *Heunischhof*.

semperig *sęmprig* SCHLUCHSEE; *sęmpərig* BRENDEN, WEILHM. – Adj.: ‚wählerisch beim Essen' 1980 SCHLUCHSEE, 1951 ST. BLASIEN, 1979 BRENDEN, WEILHM. – Ableitung zu → *semper 1*.

sempern *sęmpərə* RICKENB., SÄCKGN. – schw.: ‚langsam, lustlos essen' 2001 SÄCKGN. – Zu → *semper 1*. – Vgl. *salben 3b, schnangseln, schnefeln 2, schnodern 3a, I schnorzen 2, zurpfen 1*. – DWb. 10/1, 570; Schweiz. 7, 989.

Sende f.: ‚abgeschnittenes Rebholz, Rebholzbündel' → *Särmde*.

Sende-holz n.: ‚abgeschnittenes Rebholz' → *Särmdenholz*.

Sendel-bach ON: **1)** Zinken der Gem. Lautenbach (Rench); ca. 1150 *Sendelinbach* KRIEGER 2, 981; 1387 *in dem Sendelbach* eb. – **2)** Zinken der Gem. Durbach; ca. 1381 *in dem Sendelbach* KRIEGER 2, 981; 1475 *Sindelbach* eb. – Laut KRIEGER 2, 981 ‚Bach des Sendilo'.

Sendel-eisen „(t)sendelaise" Neuenhm. – n., Pl.: ‚kleine Eisenplatten, die über die Lücken in der Schiffswandung gelegt werden' Schifferspr. Neuenhm/ZfdW. 6, 72. – DWb. 10/1, 573.

I **senden** *senə* Feudenhm; *sqndə* Münchw.; *sændə* Sunthsn; Part.: *gsænt* Sunthsn. – schw.: **1) a)** ‚jmd. etw. zukommen lassen, versenden (z. B. mit der Post)' Feudenhm, Schwendemann Ort. 2, 15; selten, stattdessen wird eher → *I schicken 1a* verwendet. – **b)** ‚beim Schlachtfest den Bekannten einige Würste, Fleisch zukommen lassen' Sunthsn; vgl. *Sendete*. – **2)** ‚durch Rundfunk ausstrahlen' Schwendemann Ort. 2, 15. – Mhd. *senden* ‚schicken, senden'. – Vgl. *aufsenden*. – DWb. 10/1, 573; Fischer 5, 1361; Pfälz. 6, 68; Schweiz. 7, 1117; Südhess. 5, 991.

II **senden** schw.: ‚das abgeschnittene Rebholz einsammeln' Ebrgn (Freib.)/WKW 60; *rəbə sentə* eb. – Gehört zu → *Särmde* ‚abgeschnittenes Rebholz, Rebholzbündel'. – Vgl. *särmden*.

Senden-bühne *sḗndəbīni* Au (Freib.). – f.: ‚luftiger Speicher für Rebholzwellen und ähnliches Holz' 1951 Au (Freib.). – Zu → *Särmde* ‚Rebholz'; zum Grundwort s. → *Bühne 1b*.

Sender *sḗndr* Reute (Emm.). – m.: ‚(jüdische) Kurzform des männlichen VN → *Alexander*' Meis. Vk. 8. – Vgl. *Sander*, *Xander*.

Sende-reis n.: ‚abgeschnittenes Rebholz' → *Särmdenreis*.

Sendete *sændətə* Sunthsn. – f.: ‚beim Hausschlachten an Bekannte verschenkte Würste, Fleisch' Sunthsn. – Zu → *I senden 1b*. – Vgl. *Metzgete 2*. – Fischer 5, 1361; Schweiz. 7, 1121.

Sende-welle *sḗndəwelə* Harthm (Freib.). – f.: ‚Rebholzbündel' Pfrengle Harthm 68. – Dieser Beleg hätte unter → *Särmdenwelle 1* gebracht werden müssen.

Send-hof m.: FlN Steisslgn/Krieger 2, 981.

Send-läuten *sendlītə* Markelfgn. – n.: ‚das Läuten der Glocken bei einem Todesfall' Zinsmeister 21. 29. – Vgl. *Scheidzeichen*.

Sendung „Sendig" Reute (Emm.), Zell i. W. – f.: **1)** ‚etwas, das verschickt wird, Postzustellung'; *ṿ ganzi Sendig ṿrsändṿ* Reute (Emm.). – **2)** ‚Radiobeitrag' Jung Brägel 63. – Mhd. *sendunge* ‚Sendung, gesandtes Geschenk'. – Weiteres → *Knopf 4d*β; vgl. *Eilsendung*, vgl. *Post*. – DWb. 10/1, 579; Pfälz. 6, 69; Schweiz. 7, 1121 (*Sending*); Südhess. 5, 992.

Sene(s)- → *Senne(s)-*.

Senf *semf* Werthm, verbr. Kurpfalz; *sembf* Werthm, Mannhm, Sandhsn, Wolfach, Gütenb.; *sḗmbfd* Tauberbisch.; *sembfd* verbr. Kurpfalz, Tribg; *semfd* Schrieshm, Ottersd., Schonach; *senf* Eberb., Wollb.; *senfd* Hirschlanden, Östrgn, Liedolshm, Hochstet. (Link.), Adelshm, Wiesloch; *senəfd* O.scheffl., Heidelbg, Schwetzgn, Sandhsn, mancherorts Kraichgau; *senəf* Schwetzgn; *sēnəfd* Zaisenhsn; *sēnfd* Pforzhm; *sẹnfd* Oftershm, Ottersd., Kappelwi., Rheinbisch., Altenhm; *sẹnəfd* Mörsch, O.weier (Rast.), Sandw., Schutterwald, Hofw., verbr. Wolfachtal; *sẹmf* Kappelwi., Lörrach; *sanəfd* Auenhm, Ottenhm; *sanfd* Altenhm, Teningen; *sembf* Appenw., Zell a. H., Münchw., Reute (Emm.), Furtwangen, Singen a. H.; *sịnəfd* verbr. ob. Kinzigtal; *sịnəf* Einb. (Haus.); *sịmf* Hausach; *sịmbfd* Schnellgn; *sẹnf* Schenkenz.; *sqmbf* Münchw.; *sẹmbfd* O.wolf., Hauserb., Münchw., Freib., Harthm (Freib.); *sqmf* Ringshm, Opfgn, Wehr; *semfd* Sasb. (Kaiserst.); *sqmpf* Wehr; *senft* Bonnd. i. Schw., St. Blasien; *sẹmpf* Sunthsn, Neudgn, Stockach, Radolfz.; *sẹmpf* Möhrgn; *sẹəmbf* Liggersd., Konst. – m.: **1)** PflN. **a)** ‚die Pflanze Sinapis arvensis, Ackersenf', als Unkraut in Getreidefeldern gefürchtet Schwendemann Ort. 1, 120. 162, Opfgn; vgl. *Dille*, *Gewürz 1*, *Hederich 1c*. – **b)** ‚die Pflanze Raphanus raphanistrum, Ackerrettich (Wilder Rettich)', Ackerunkraut, wird oft mit → *Senf 1a* verwechselt; aus den Samen kann → *Senf 2* hergestellt werden Wollb./Mitteil. 1915, 377; vgl. *Geißenrüble*, *Hederich 1b*. – **c)** ‚die Pflanze Brassica napus oleifera, Raps' am Bodensee/Pritzel-Jessen 62a; gehört wie die beiden vorigen zur Familie der Kreuzblütler; vgl. *Reps*. – **2)** ‚Gewürz/Würzpaste aus Samenkörnern von Senfpflanzen' (meist wird Weißer Senf, Sinapis alba, und/oder Brauner Senf, Brassica juncea, verwendet) Platz 296, Heilig Gr. 65, Herwig-Schuhmann 113, Lenz Wb. 48a. 65b, Frei Schbr. 149, Roedder Vspr. 526a, Mangold 22, Liébray 309, Dischinger 175, Reichert 67, Meis. Wb. 152b, Wagner 183, O. Sexauer 161, Ruf 42, Baur 76, Burkart 183. 215, Kilian 17, G. Maier 136, Meng 86. 163, Bayer 62, Fohrer 91, Heimburger 238, Schmider KK 88, Fleig 134, Wahr 23, A. Müller 2, 91, Pfrengle Harthm 47, Beck 122. 213, Schäuble Wehr 127, Kirner 236, E. Dreher 64, Möking 14, W. Schreiber 50, Ellenbast 65, Fuchs 19, Joos 92, Rapp./ZfhdMu. 2, 110, Zaisenhsn/ZfhdMu. 1907, 279. 1909, 178, Ottersd./eb. 1914, 344, O.weier (Rast.)/eb. 1916, 282; 1711 *Semfft* Elis. Charlotte/Lefevre 125; *Des isch e scharfr Sänefd* Braunstein Raa. 33; *Nemm e bißl Semfb, do schmeckt de Schwååmdemååje besser* Lehr Kurpf.² 135; *Do leg ich halt mei' Pflaschter druff / Mit Senf, for um se z'heile!* Romeo Senfpfl. 3 (s. hierzu → *Senfpflaster*); vgl. *Klabuster 2*, *Mostrich*. – **3)** ‚abfällig für Kommentar/Ansicht, Quatsch, Blödsinn' Kirner 237; *Babbl nedd sou-änn Senneffd* Dischinger 175; *Der machd immer en lange Sembfd drumrum* ‚er redet umständlich um die Sache herum' Bräutigam Mach 114f.; besonders in der Ra.: *sein Senft dezu gewe* ‚ungefragt seine Meinung äußern' Litterer 309, ähnlich Bräutigam So 122, Frei Schbr. 149, G. Maier 157, A. Müller 2, 91; *Der muß jedz ååoch soin Semfd dazugewwe* Herwig-Schuhmann 113; *Un d Schriner Anne häd au no de Sembf dezuegäi* Strube Täik 115; *D'r Schandarm het 'm dia G'schiecht herg'schlage; un mi Maihofer het au sie Senft d'rzue gä* Ganther Stechp. 71; Wortspiel mit Bed. 2 u. Bed. 3: *wänn's um d'Worscht geht, gibt jeder nomool soin Senft derzuu* Humburger 212. – Ahd./mhd. *sen(e)f*, entl. aus lat. *sināpi*. – Weiteres → *Brot 1a*, *dito*; vgl. *Hühnersenf*. – DWb. 10/1, 580; Eichhoff 2, 71; Els. 2, 360 (*Senft*); Fischer 5, 1362; H. Marzell Wb. 3, 1292. 4, 336; Pfälz. 6, 69; Schweiz. 7, 1166; Südhess. 5, 992; SUF I, 157.

Senf-acker m.: FlN Müllhm; 16. Jh. *Inn der Schreiberen Heist der Senffackher* W. Fischer 198; 1636 *uffm Senfft Ackher* eb.; 1713 *bey dem Sänfftagger* eb.; 1779 *im Senfftaker* eb.; später → *Senfboden* genannt. – Fischer 5, 1362 (unter *Senf*); Südhess. 5, 992.

Senf-blätter „sänftbläter" Freib. – Pl.: ‚mit Senfpulver überzogene Papier- oder Leinwandstücke, Charta sinapisata', ein Hautreizmittel Arch. Pharm. 1922, 152. – Zum Grundwort s. → *Blatt 2*. – Vgl. *Senfpapier*. – Els. 2, 169 (*Sēneftbletter*); Fischer 5, 1362 (*Senfblatt*).

Senf-boden *sẹmfbōdə* Müllhm. – m.: FlN, ehemaliges Ackerland W. Fischer 199; 1751 *im Senfftboden* eb; 1822 *in den Senfftböden* eb.; 1880 *Äußerer, Innerer, Mittlerer, Unterer Senfboden* eb.; früher noch → *Senfacker* genannt.

Senfer „Sempfter" Waldk. (Elzt.). – m.: ‚jem., der

berufsmäßig *Senf 2* herstellt oder damit handelt' 1965 WALDK. (ELZT.). – Mhd. *sënefer* ‚der Senf bereitet'. – DWb. 10/1, 582.

Senf-fabrik *„Senftfabrik"* FREIB. – f.: ‚Lebensmittelunternehmen, das → *Senf 2* herstellt', in Freiburg existierten 1891/92 laut Adressbuch mehrere.

Senf-geist *„sänftgaist"* so und ähnlich mancherorts in ganz Baden. – m.: dass. wie → *Senfspiritus*, ARCH. PHARM. 1922, 167. – Zum Grundwort s. → *Geist 5a*.

Senf-hafen m.: ‚Topf zur Aufbewahrung von → *Senf 2*'; *E paar Schwarzrettich, un e Härengle* (Hering), */ A e Bicking* (→ *Bücking*)*, un dann der Senfthafe!* (Zutaten für einen → *Biersalat*) EICHRODT 51. – Zum Grundwort s. → *I Hafen 1*. – Els. 2, 360 (*Sënefthäfel, Sëmfthäfele* unter *Sënef(t)*); Fischer 5, 1362.

Senf-mehl *sęnftmęl* FREIB., SCHOPFHM. – n.: ‚Pulver aus gemahlenen Senfsamen, Semen sinapis pulveratum' ARCH. PHARM. 1922, 165. – DWb. 10/1, 582; Fischer 6/2, 3105 (*Senfmel*); Pfälz. 6, 69.

Senf-mühle f.: Hausn. FREIB.; 1565 *Hauß zur Senffmüli* K. SCHMIDT HAUSN. 124. – Mhd. *sënefmül(e)*. – DWb. 10/1, 582; Fischer 6/2, 3105 (*Senfmüle*).

Senf-papier *sęnftbabīr* mancherorts in ganz Baden; *sęnftbabīr* verbr. S-Baden. – n.: ‚mit Senfpulver überzogenes Papier- oder Leinwandstück, Charta sinapisata', ein Hautreizmittel ARCH. PHARM. 1922, 152. – Vgl. *Senfblätter*. – Südhess. 5, 993.

Senf-pflaster *„Senfpflaschter"* KARLSR. – n.: ‚auf ein Stück Leinwand gestrichener Teig/Brei aus Senfpulver und Wasser, Sinapismus', Hautreizmittel ROMEO SENFPFL. (Titel des Gedichtbandes). – Zum Grundwort s. → *Pflaster 1*. – Vgl. *Senfpapier*. – DWb. 10/1, 583; Els. 2, 147 (*Sëneftpflaster*); Fischer 6/2, 3105; Pfälz. 6, 69; Südhess. 5, 993.

Senf-schiefen *„Senftschiefen"* GRIESB. (FREUDENST.). – Pl.: dass. wie → *Sennesschefen*. – Offenbar volksetymologisch an das Wort *Senf* angelehnt.

Senf-spiritus *„sänftspīritus"* so und ähnlich mancherorts in ganz Baden. – m.: ‚eine alkoholische Lösung von Senföl, Spiritus sinapis', Hautreizmittel zur Einreibung ARCH. PHARM. 1922, 167, ZIMMERM. HS. 283. – Vgl. *Senfgeist*.

Sengalen-höhe f.: FlN, hoher Bergzug TODTNAU. – Vgl. *Sengalenkopf*.

Sengalen-kopf m.: FlN, Bergname bei Präg, südöstl. von Todtnau KUNZE HOTZENWALD 186. – Geht wohl auf mhd. *sengen* ‚sengen, brennen' zurück und könnte sich somit auf eine von der Sonne versengte oder durch Brandrodung entstandene Lage beziehen. Vgl. dazu KUNZE HOTZENWALD 186 u. SCHWEIZ. 7, 1187f. Zum Grundwort s. → *Kopf 3e*. – Vgl. *Singel(e)matt, Singlerkopf*.

Senge *sęy* MANNHM, SECKENHM. – Pl.: ‚Schläge, Prügel' 1994 SECKENHM; *du grigš haid nox̌ dōi sęy* MANNHM. – Zu → *sengen 1a*, vgl. KLUGE 668. – Vgl. *Dollis, Fang 3, Guffes, Hieb 3, Mackes 1*. – DWb. 10/1, 584; Els. 2, 365 (*Sengel*); Fischer 5, 1363; Pfälz. 6, 70; Südhess. 5, 993.

Sengel *dsęŋlə* FREIB. – f.: **1)** PflN, → ‚Brennnessel 1, Urtica' Rü. HOFFMANN 36; vgl. *Seng(n)essel*. – m.: **2)** FN; *dem Sengel si Großel* (Großmutter) 1939 ALTENHM. – DWb. 10/1, 584 (andere Bed.); Els. 2, 365 (andere Bed.); Fischer 5, 1363 (FN, unter *sengen*).

Sengel-berg m.: FlN, Gelände/Hof auf der Gemarkung Sulzburg ED. MARTINI SU. 23, KRIEGER 2, 981. – Ähnliche FlN sind auch in SCHWEIZ. 7, 1187 aufgeführt. – Vgl. *Sengalenkopf*. – Fischer 5, 1363 (*Sengenberg*, unter *sengen*); Pfälz. 6, 70 (*Sengelsberg*).

Sengel-essel ‚Brennnessel' → *Seng(n)essel*.

sengeln *sęŋlə* mancherorts Kurpfalz, MÖRSCH, APPENW.; *sęŋlə* SANDHSN, HEIDELBG, MÖNCHZ., PHILIPPSBURG, MINGOLSHM, ÖSTRGN, ROHRB. (EPP.), OTTERSD., BÜHL (RAST.), OTTERSW., ACHERN, LAHR; *dsęŋlə* verbr. Kurpfalz, Bruhrain, Kraichgau, PFAFFENROT; *dsęŋlə* KETSCH, ALTLUSSHM, HOCKENHM, NEULUSSHM, REILGN; *sęŋlv* HOCHSTET. (LINK.), JÖHLGN; *sęŋln* BIETIGHM; *dsęŋlə* PFORZHM; *sąŋlə* BODERSW.; *dsąŋlə* MÜNCHW.; *dsąŋlv* O.ROTWEIL; Part.: *gsęŋld* SCHWETZGN; *gsęŋəld* SANDHSN, KAPPELWI., SCHUTTERWALD, LAHR; *gsęŋəld* AU A. RH. – schw.: **1)** refl. **a)** ‚sich an einer → *Brennnessel 1* verbrennen' FREI SCHBR. 146, REICHERT 22, ODENWALD MPH. 100, BRUHR. 164, DISCHINGER 175, 1918 ROHRB. (EPP.), P. WAIBEL 107, SCHWARZ 75, 1975 AU A. RH., ETTLGN, O. SEXAUER 171, G. MAIER 136, BRAUNSTEIN N I, 6, LAHR, SCHWENDEMANN ORT. 1, 28, BÜHL (RAST.)/ZFD MU. 1915, 213, OTTERSW./eb., ACHERN/eb., BODERSW./eb. 1917, 155; *six sęŋlə* HEIDELBG; *Hest de di g'sengelt?* A. SCHREIBER 36; *I hebb mi gsengelt* LEHR KURPF.[2] 135. – **b)** übertr. ‚sich die Finger verbrennen, mit einer Sache angehen' BODERSW./ZFDMU. 1917, 155. – **2)** ‚brennen, ein brennendes Gefühl verursachen, in der Regel (aber nicht nur) von Brennnesseln' 1918 ROHRB. (EPP.), RITTLER 162; *Aasá jung zánglá Zángnesslá níd* ‚wenn Brennnesseln noch jung sind, brennen sie nicht' NOTH 430; *den Monat sengla se ned* SCHWARZ 75, auch als beliebtes Spiel, um Unwissenden einen Streich zu spielen, indem die Information „den Monat" als Akkusativobjekt gemeint ist, aber vom Angesprochenen meist als Temporalbestimmung interpretiert wird: *Denn Moonädd senglä-si nedd* DISCHINGER 175; nicht auf Brennnesseln bezogen: *Uns langt nämmlig 's Fier im Elsiß, des wo dr Karili eimol g'sengelt het* BRUCKER WU. 69. – Zu mhd. *sengen* ‚knistern machen, brennen', jedoch Berührung mit → *sünkelen*. Auf Belege mit Affrikata im Anlaut wird auch in DWB. 10/1, 584 hingewiesen. – Vgl. *versengeln*; vgl. *brennen 2␣*, *sengnesseln*. – ALA I, 225; DWb. 10/1, 584; Els. 2, 365, Fischer 5, 1364; Pfälz. 6, 70; Südhess. 5, 993.

Sengel-pfetzer *sęŋlpędsv* URSENB. – m.: Tiern. ‚Waldameise, Formica'. – Vgl. *Pfetzameise, Kohlenklemmer*.

sengen *sęŋə* WERTHM, WESSENT., ROHRB. (EPP.); *sęŋə* O.SCHEFFL.; *dsęŋə* SCHWEIGHSN; *sęŋv* REUTE (EMM.); Part.: *gsęŋt* O.SCHEFFL. – schw.: **1) a)** allg. ‚etwas oberflächlich, leicht anbrennen' PLATZ 296, 1918 ROHRB. (EPP.); formelhafte Wendung: *sęŋə un brenə* ROEDDER VSPR. 526a, *sęŋv un brenv* REUTE (EMM.); *Mit Ausnahm vum Senge, Brenne un Morde / Sünde vun alle Arde un Sorde* NADLER 71. – **b)** speziell ‚gerupftes Federvieh über Feuer halten, um die Federreste zu entfernen' PLATZ 296. – **2)** ‚leicht angebrannt riechen und/oder schmecken' 1923 WESSENT. – **3)** ‚sich an einer → *Brennnessel 1* verbrennen' SCHULZE 109; vgl. *sengeln 1a*. – Mhd. *sengen* ‚knistern machen, brennen'. – Weiteres → *Roßdreck 1, Sau 1a*; vgl. *be-, versengen*; vgl. *abfretzen 2, anhocken, -brennen 2, besungen*. – DWb. 10/1, 585; Els. 2, 365; Fischer 5, 1363; Pfälz. 6, 70; Schweiz. 7, 1188 (*sängen I*); Südhess. 5, 993.

Senger *sęŋər* HETTGN. – m.: **1)** PflN, ein vom Sammler nicht näher bezeichnetes Unkraut im Klee, das diesen verdirbt, „versengt" HETTGN. – **2)** FN, bes. in der Gegend zwischen Karlsruhe und Waghäusel verbr., offenbar Berufsname (jem. der durch Feuer rodete) KLAUSMANN FN 201. Kt. 90. – Zu → *sengen 1a*. – Vgl. *Brenner*. – DWb. 10/1, 587.

Sengler m. (Pl.): Übername für die Bewohner von Wintersdorf Ruf 42.

Seng-(n)essel *séŋesl* vereinzelt Kurpfalz, O.Scheffl., verbr. Kraichgau, Russhm, Hochstet. (Link.), Knielgn, Erbersbronn, Hundsb., Kirschbaumwasen; *séŋesl* mancherorts Kurpfalz, Seeb. (Achern), Ottenhöfen, Bühl (Offb.), Griesb. (Freudenst.), Peterst.; *seŋənesl* Schrieshm, Herrenwies; *séŋesl* Plankst.; *seŋgesəl* Sandhsn; *seŋēsl* Rauenbg (Wiesl.), Mühlhsn (Wiesl.), Östrgn, Forst, Stette, Ubst., Zeutern, Neuenbürg, Rohrb. (Epp.); *seŋēsəl* Rettighm; *seŋnēsl* Philippsburg; *seŋəlīsl* Liedolshm; *siŋēsl* Welschneureut (= Neureut), Friedrichst.; *seŋesəl* Heideloh, Nussloch, Rauenbg (Wiesl.), Wiesloch, U.Öwishm, Ettlgn, Lichtenau, Lahr, Munzgn; *seŋeslə* Eggenstein, Heitershm, Unadgn; *seŋəlnesəl* Durlach, Forchhm (Karlsr.), Steinb. (Bühl); *seŋlēsl* Singen (Pfinz); *seŋənēsl* Mörsch, Kappelwi., Neusatz, Sasbachwa.; *seŋənēsl* Au a. Rh.; *seŋə(n)esəl* Ottersd., Sandw.; *seŋēsl* Eckartsw.; *seŋnesl* Schwetzgn, Appenw., Lierb., Maisach; *seŋlnesəl* Sinzhm; *seŋnesəl* Baden-B., Kappelrodeck; *seŋeslə* Sasb. (Achern); *seŋesəl* Diershm; *saynesl* Auenhm; *saŋlēsl* Altenhm; *seŋēsl* Ottenhm; *saynesəl* Weiswell (Emm.); *saynesəl* Bickensohl; *seŋneslə* Ottoschwan.; *seŋneslə* Donaueschgn, Säckgn, Hohentengen; mit Affrikata im Anlaut: *dséŋesl* Eberb., Ketsch, Altlusshm, Hockenhm, Neulusshm, Reilgn; *dseŋesl* Tairnb., Helmshm, Isprgn, Langenalb; *dseŋesəl* Huttenhm, Reihen, Bretten; *dséŋēsl* mancherorts Kraichgau und um Pforzhm; *dseŋənēsəl* Kürnb.; *dsiŋēsl* Bauerb., Büchig (Brett.), Wöschb., Gondelshm, Wössgn, Diedelshm, Erzgn; *dsēŋesl* Pforzhm; *dseŋlesl* Weissenstein; *dseŋlēsl* Ellmendgn; *(d)seŋlesəl* Pfaffenrot; *dseŋənesl* Bietighm; *(d)seŋənēsəl* O.weier (Rast.); *dseynesəl* Baden-B., Merzhsn, Hügelhm; *dseŋēsl* Mahlbg; *dsŋyesl* Münchw.; *dseŋneslə* Kenzgn, Opfgn; *dseŋnesəl* Riegel; *dsŋynesle* O.rotweil; *dseŋəslv* Reute (Emm.); *dsenesle* Denzlgn; *dsáynesle* Ihrgn; *(b)féŋ(n)esle* Opfgn; Pl.: Pl. wie Sg. bei den Formen, die mit *ə* enden; *seŋərnēsl* Ottersd.; *séŋ(ə)nesl* Sandw., Schönbüch, Bühl (Rast.), Ottersw., Achern; *seŋesəln* Seeb. (Achern); *seŋeslə* Marlen; *dseŋneslə* Zell a. H., Umk.; *dsŋēsle* Münchw.; *dsaynesle* Bomb., Riegel; *dseŋesəln* Bötzgn. Zur räumlichen Verbr., bes. auch im Verhältnis zu → *Brennnessel*, s.a. DWA XVII, 1. – m. in Östrgn, Mörsch, Auenhm, sonst f.: PflN. 1) a) allg. → ,Brennnessel 1, Urtica', ohne Unterscheidung verschiedener Arten Lehr Kurpf.² 135, Frei Schbr. 146, Herwig-Schuhmann 113, Eberb. Geschichtsbl. 1953, 4, Lenz Wb. 49b, Liébray 275, Reichert 21, Dischinger 175, Bruhr. 164, C. Krieger Kraich. 137, Huttenhm/Umfr., Wagner 183, 1965 Eggenstein, Kürnb./Umfr., Schwarz 75, Waibel Fo. 187, Rittler 162, O. Sexauer 168. 171, 1938 Pfaffenrot, Ruf 42, G. Müller 6, Burkart 91, R. Bayer 24, Meng 203, Baur Kt. 123, Schecher 86, G. Maier 136, Bühl (Offb.), Fohrer 132, Heimburger 230, Schmider KK 99, Hänel 92, Mahlbg, 1993 Riegel, Noth 437, 1895 Bötzgn/Umfr., Denzlgn, Ihrgn, 1921 Opfgn, Rü. Hoffmann 36, Unadgn, Mitteil. 1913, 290. 1915, 373, Alem. 43, 147. 152, Ottersw./ZfdMu. 1913, 323, Achern/eb., Weiswell (Emm.)/eb., Kenzgn/eb., Bomb./eb., Riegel/eb., Ottersd./eb. 1914, 338, Bühl (Rast.)/eb. 1915, 213, Ottersw./eb., O.weier (Rast.)/eb. 1916, 282. 325, Heidelbg/Bad. Heim. 1917, 82; *ä Sengessel* Lahr; *die Sengeßl* Hagsf.; *d' séŋeslə* Achern/ZfDMu. 1915, 213; *aabrəijdi Zaŋgēslə* ,abgebrühte Brennnesseln' (ein Hausmittel) Schwendemann Ort. 3, 1; *versengl di nät en dene Sengessl* ,verbrenne dich nicht an den Brennnesseln' Humburger 202; nach getaner Arbeit nahm der Mäher manchmal *enn Stumbe* (Büschel) *voll Sengneesl mit heem* (heim), *fa die Hiehna* (Hühner) Odenwald MPh. 100; „*Mama, dr Erich het m'r d'r Schdricher* (bestrichenes Brot) *in d' Sängnessle g'worfe!" - „He, awer äu! Ja, mit Fliß* (Absicht)?" - „*Nai, mit Güüts* (Marmelade)." Meier Wb. 57; Ra.: *In die Sengneesl hockt sich, wer etwas tut, das ihm letztlich selbst Unannehmlichkeiten bereitet* Odenwald MPh. 100. – b) speziell ,Große Brennnessel, Urtica dioica' 1956 Lichtenau, Reute (Emm.), Münchw./Mitteil. 1944, 404. – c) speziell ,Kleine Brennnessel, Urtica urens', „beim Anfassen besonders schmerzende Brennnesselart" Roedder Vspr. 526a. – 2) → ,Taubnessel, Lamium', in der Regel ohne Unterscheidung verschiedener Arten Schönbüch/Mitteil. 1933, 307; auch: *zahme Sengeesel* Rettighm/eb. 1915, 387, *wille* (wilde) *dseŋesl* Isprgn (ähnlich allg. Pforzheimer Gegend), *dāwe dseŋesl* Weissenstein; s. auch unter → *blind 2, taub 3d, tot 4b, Nessel 1*. – Zu mhd. *sengen* ,sengen, brennen' und mhd. *nezzel* ,Nessel'. Die Formen mit anlautendem *ds-* sind wohl durch Kontraktion mit vorangehendem Artikel entstanden. Zur Lautgeographie des Grundworts s. → *Nessel*. – Weiteres → *Eidechse 2h, machen I2i, sengeln 2*; zu Bed. 1 vgl. *Haarwurz, Mottenstöcke, Nessel 1*; zu Bed. 2 vgl. *Brennnessel 2, Tannessel, Fleisch 4b, Sauger 3a, Schlotzer 3, Suckelblume, Supfen, Supferich*. – DWA XVII, 1; DWb. 10/1, 587; Els. 1, 74. 787; Fischer 5, 1364. 6/2, 3105; H. Marzell Wb. 4, 917; Pfälz. 6, 70; Südhess. 5, 993.

Seng(n)essel-blüten *seŋeslblüde* mancherorts Breisgau. – Pl.: ,Blüten der Weißen Taubnessel (Lamium album)', werden oft für Blüten der Brennnessel gehalten (vgl. → *Brennnessel 2*) Arch. Pharm. 1922, 155. – Vgl. *Tannesselblüten*.

Seng(n)essel-brühe *seŋgēslbrī* Östrgn. – f.: ,in Wasser eingelegte Brennnesseln', kann nach einigen Tagen Ziehzeit zum Spritzen gegen Ungeziefer oder zum Düngen verwendet werden Dischinger 175. – Zum Grundwort s. → *Brühe 1a*.

Seng(n)essel-loch „*sengesselloch*" Ziegelhsn. – n.: FlN, ,Geländevertiefung, in der viele Brennnesseln wachsen' Handsch., Ziegelhsn./Bad. Flurn. III, 6, 61; 1790 *Im Hochwald am Sengesels Loch* Handsch./eb. III, 4, 65; 1878 *Sengesselloch* eb.

seng-nesseln *dseŋneslə* Beierthm. – schw.: ,sich an einer → *Brennnessel 1* verbrennen'. – Vgl. *sengeln 1a, sengen 3*. – Pfälz. 6, 71.

Seng(n)essel-nachbar *seŋneslnōxbər* Appenw. – m.: ,Bewohner des unmittelbar an das eigene Gelände angrenzenden Grundstücks, nächster → *Nachbar*' G. Maier 119. 136.

Seng(n)essel-stock „*zangesslestock*" Münchw. – m.: PflN, ,Buntnessel, Solenostemon scutellarioides' Mitteil. 1944, 411.

Seng(n)essel-weg m.: FlN, ,ein Pfad, der durch das → *Seng(n)esselloch* führt' Handsch./Bad. Flurn. III, 4, 65.

senior Adj.: ,älter, der Ältere', nur in der Stellung nach PN, dient der Unterscheidung des Vaters vom Sohn, bes. bei gleichem Vor- und Familiennamen; *E. Märcklin senior* 1918 Etthm. – Ggs. *junior* (s. u. → *jung 1a*); vgl. *alt 1a*.

senisis Abzählwort, s. u. → *enisis*.

senk Adj.: ‚zum Sinken geneigt, sinkreif', Flößerspr. JÄGERSCHM. HOLZTRANSP. 2, 303. – Vgl. *Senker, sinkig*. – Rhein. 8, 80.

Senk-blei *seŋgblai* HETTGN, OFTERSHM, MÖRSCH; *seŋkblai* O.SCHEFFL., RAPP.; *saŋblẹi* ALTENHM. – n.: ‚Werkzeug zur Bestimmung der Lotrechten, an einer Schnur befestigtes Metallstück (→ *Blei 1*)' ROEDDER VSPR. 526a, LIÉBRAY 275, MEIS. WB. 153a, FOHRER 110. – Vgl. *Blei 3, Lot 1a, Senkel 1*. – DWb. 10/1, 588; Fischer 6/2, 3106 (*Senkenblei*); Pfälz. 6, 72; Südhess. 5, 994.

Senk-bruck *seŋkbruḳ* MARLEN. – f.: ‚kleine, aus zwei mit Brettern belegten → *Nachen* bestehende Schiffbrücke', auf ihr werden in der sog. → *Wurstbank* die Senkwürste (→ *Senkwurst*) hergestellt und anschließend im Wasser versenkt. – Zum Grundwort s. → *Brücke 1a*.

Senk-brunnen m.: FlN WENDLGN/BAD. FLURN. I, 3, 230; eventuell identisch mit → *Sandbrunnen*? – DWb. 10/1, 588; Südhess. 5, 994.

Senke „*Senki*" REUTE (EMM.). – f.: ‚Vertiefung (im Boden), → *Mulde 2a*'. – Mhd. *senke* ‚Vertiefung, Tal'. – Vgl. *Kaute, Sank, I Schlut 1*. – DWb. 10/1, 588; Fischer 6/2, 3105; Pfälz. 6, 72; Schweiz. 7, 1208 (*Senggi*); Südhess. 5, 994; SUF IV, 49.

Senkel *seŋgəl* WERTHM, FREUDENBG, MANNHM, BÜCHENBRONN; *seŋgl* HANDSCH., RAPP.; *seŋgl* OFTERSHM, MÖRSCH, KAPPELWI., APPENW., WEIER, DURB., SCHUTTERWALD, HOFW., SCHONACH; *saŋgl* AUENHM; *sɑŋgl* MÜNCHW.; *seŋgəl* HETTGN, ZELL A. H., mancherorts oberes Markgräflerland; *seŋkl* REUTE (EMM.), SUNTHSN, STOCKACH; *sɑŋkxəl, seŋkxəl* WEHR; *seŋkəl* RADOLFZ., REICHENAU. – m.: **1)** ‚Werkzeug zur Bestimmung der Lotrechten, an einer Schnur befestigtes Stück → *Blei 1*', bei Bauhandwerkern HETTGN, LENZ WB. 65b, BURKART 11, MENG 183, BRAUNSTEIN N I, 13, BAYER 62, FREIB., GLATTES 34, SUNTHSN; *dr Senkl zum sänklv* (→ *senkeln 1*) REUTE (EMM.); Ra.: *siš lẹts im seŋkl* ‚die Sache steht schlimm' MEIS. WB. 152b; *Ebber in de Sänkel schtelle* ‚jemanden (schroff) zurechtweisen' SCHMIDER KK 2, 27, ähnlich PLATZ 296, BRÄUTIGAM MACH 115, FREI SCHBR. 146, LITTERER 309, 1960 BÜCHENBRONN, G. MAIER 136, WEIER/OCHS-FESTSCHR. 265, SCHWENDEMANN ORT. 2, 6, FLEIG N. 17, BAUM HUUS 66, 1978 FELDBG, 1933 RECKGN, STOCKACH/HEGAU 1972/73, 201; *Yy will di in Sänkchel stèlle* SCHÄUBLE WEHR 33; *dèn wèrri etz èmòl in Sènkèl schtèllè* ELLENBAST 65; *Den ha i in de Senkel gschtellt* 1935 DURB.; *in Sänkl schtellv, nit nur Sülv, ai dr Mann* ‚in den Senkel stellen, nicht nur Säulen, auch den Mann' REUTE (EMM.); vgl. *Lot 1a, Senkblei*. – **2)** ‚8 bis 15 Pfund schwerer Stein, der an einem Seil als Anker auf den Seegrund versenkt wird', Fischerspr. MÖKING 40; vgl. *Senkelstein*. – **3)** ‚starker eiserner Nagel mit rundem Kopf (zur Befestigung einer → *Senkelstange* auf dem Floß)', Flößerspr. JÄGERSCHM. HOLZTRANSP. 1, 178. – **4)** ‚Schnürriemen, Schuhband' FREI SCHBR. 146, LENZ WB. 65b. Nicht recht mu., dafür → *Nestel 1a* und die dort angegebenen Zss. – **5)** ‚Gehrock' FREUDENBG/MAI 191. – Mhd. *senkel* ‚Senkel, Nestel'. – Weiteres → *letz 2a*; vgl. *Schnür-, Schuhsenkel*. – DWb. 10/1, 589; Els. 2, 366; Fischer 5, 1364. 6/2, 3106; Pfälz. 6, 72; Schweiz. 7, 1210 (*Sänkel*); Südhess. 5, 994.

senkeln *seŋgələ* HETTGN; *seŋklv* REUTE (EMM.). – schw.: **1)** ‚mit dem → *Senkblei* messen' HETTGN, REUTE (EMM.). – **2)** ‚jem. die Messschnur um den Leib werfen und ihn damit festhalten, bis er sich loskauft' (unter Bauleuten) E. SCHMITT 23; *ein' senkle* HETTGN/ZfDMU. 1918, 148. – Weiteres → *Senkel 1*. – DWb. 10/1, 591; Els. 2, 366; Fischer 5, 1364; Pfälz. 6, 72; Schweiz. 7, 1212; Südhess. 5, 995.

Senkel-schweb *seŋkəlšwẹəb* REICHENAU. – m.: ‚längliches Holzstück am Ankerseil, das den Anker (→ *Senkel 2*) markiert', Fischerspr. MÖKING 39. – Zum Grundwort s. → *Schweb 2*.

Senkel-stange f.: ‚quer über die in ein Floß eingebundenen Stämme gelegtes Holz, durchbohrt und durch Nägel mit runden Köpfen (→ *Senkel 3*) angenagelt', Flößerspr. JÄGERSCHM. HOLZTRANSP. 1, 177f.

Senkel-stein m.: dass wie → *Senkel 2* MÖKING 39. – DWb. 10/1, 591.

senken *seŋgə* HANDSCH., RAPP.; *seŋgə* OFTERSHM, MÖRSCH, OTTENHM, O.SCHOPFHM; *sɑŋgə* SASB. (KAISERST.); Part.: *gseŋgt* RAPP. – schw.: ‚sich bzw. etwas abwärts-, nach unten bewegen, ab-, herabsinken (lassen)' LIÉBRAY 275, MEIS. WB. 152b, HEIMBURGER 219, DIERBERGER SASB. 340, O.SCHOPFHM/ZfHDMU. 1, 317. – Mhd. *senken* ‚sinken machen, senken, niederlassen, zu Fall bringen'. – Weiteres → *abwaschen*; vgl. *versenken*; vgl. *gesetzen 1, sinken*. – DWb. 10/1, 591; Els. 2, 366; Fischer 5, 1364; Pfälz. 6, 73; Schweiz. 7, 1211; Südhess. 5, 995.

Senker m.: ‚Holzstamm, der nicht mehr schwimmt, sondern versinkt', Flößerspr. JÄGERSCHM. HOLZTRANSP. 2, 302. – Vgl. *senk, Sinkholz*. – DWb. 10/1, 595; Pfälz. 6, 73 (jeweils andere Bed.).

Senk-gitter n.: ‚Abdeckung aus Eisenstäben über dem → *Senkloch 2*, Stabsieb'; *das gußeiserne Senkgitter, [...] mit Scharnieren und Haken in das Pflaster an der Ecke eingelassen* EKKHART 1923, 84. – Zum Grundwort s. → *Gitter*.

Senk-grube *seŋgrīb* MÖRSCH; *seŋgrīb* AU A. RH.; *seŋgrīb* PLITTERSD.; *seŋgruṭb* WINTERSD.; *seŋgrūb* NEUBURGW. OTTERSD., KUPPENHM; *seŋgruəb* HÖRDEN, GREFFERN, MOOS (BÜHL); *seŋgruəb* HELMLGN, LIERB., IB. (OFFB.), GRIESB. (FREUDENST.), PETERST.; *seŋgruəb* LAUTENB. (RENCH); *seŋgruəbə* MÜHLENB. – f.: ‚Abort-, Dung-, Jauchegrube' RUF 36. – Vgl. *Seichloch 1*. – DWb. 10/1, 595; Fischer 6/2, 3106.

Senk-kasten *seŋkɑšdə* ZELL A. H.; *seŋkɑšdv* REUTE (EMM.). – m.: ‚Behälter in einem → *Senkloch 2* zur Aufnahme von Schmutz' REUTE (EMM.); Ra.: *So goht eins nochem ondere de Senkkaschde naa* ‚alles ist vergänglich' SCHMIDER KK 2, 39. – DWb. 10/1, 596; Pfälz. 6, 73; Südhess. 5, 995.

Senkler-loch n.: FlN, ST. MÄRGEN/Schulheft 1968, 12. – Viell. zu einem FN?

Senk-loch *seŋglox* HANDSCH.; *seŋglox* OTTERSD., KUPPENHM, SEELB., KAPPEL A. RH., SCHUTTERT., SCHWEIGHSN, KATZENMOOS; *saŋglox* FREISTETT; Pl.: *seŋglešər* SCHRIESHM; *seŋkleχər* HOCHD. – n.: **1)** **a)** ‚Jauchegrube' RUF 36, 1976 KUPPENHM, FREISTETT, KAPPEL A. RH., 1980 SEELB., SCHUTTERT., SCHULZE 27. 105. – **b)** ‚Klärgrube' PFLÜGER HS. 187. – **2)** ‚Grube zur Aufnahme von Oberflächen- und Abwasser'. **a)** in der Stadt: ‚Wasserauffang, -durchlass an/unter Straßen' 1968 KATZENMOOS, FREIB. – **b)** am und im Haus: ‚Abfluss im Boden'; *Do hab ich mir e Gaschtronomie-Kuchi gwinscht, wu der mit em Schlüch in alli Ecke ni kunsch un der de ganz Schmodder eifach s Senkloch rabspiäle kannsch.* TENINGEN. – **c)** im Gelände: „Sammelstellen des Bergwassers durch Zufluss kleiner, durch die Weinberge oder an Wegen entlangziehender Bächlein" HERWIG-SCHUHMANN 113. – **3)** ‚Spottname eines Mädchens namens Seng' 1929 FREIB. – Vgl. *Dole 1, Feimloch, Senkgrube, Sickerdole*. – DWb. 10/1, 596; Els. 1, 552; Fischer 6/2, 3106; Pfälz. 6, 73; Südhess. 5, 995.

senk-recht *seŋgrẹχd* O.SCHEFFL., RAPP., LICHTENAU; *seŋgrẹšd* OFTERSHM; *seŋgrẹχd* MÖRSCH; *seŋgrẹχd* SCHAPB., ZELL A. H.; *seŋgrẹxt* WIESLET. – Adj.: ‚mit einer Geraden oder Ebene einen rechten Winkel bildend, vertikal' ROEDDER VSPR. 526a, LIÉBRAY 275, MEIS. WB. 153a; *seŋgrẹxt in d hȫxi* ‚senkrecht in die Höhe' 1971 WIESLET; *damid v imv wįdv fon owa seŋgrẹχd rųnv kųmd* ‚damit er (der Dreschflegel) immer wieder von oben senkrecht herunterkommt' 1975 LICHTENAU; *diə kuma nįd seŋgrẹχd drauf sondərn halb ligand* ‚die (Leitern) kommen nicht senkrecht darauf (auf das Gestell des Wagens), sondern halb liegend' 1955 SCHAPB.; mit Bezug auf das → *Senkblei* sagt man laut MEIS. WB. 153a anstatt „der Stein steht senkrecht" öfter *dv štāĩ iš im blai* (vgl. → *Blei 3*); Ra. (bei übermäßiger Freude über etwas): *Do kännsch vor Fraid grad senkrecht on Decki brunse* ‚da könnte man vor Freude senkrecht an die Decke pinkeln' SCHMIDER KK 2, 25. – Vgl. *bör, winkelig, winkelrecht*. – DWb. 10/1, 596; Fischer 5, 1364 (*senkelrecht*); Pfälz. 6, 73; Schweiz. 6, 238; Südhess. 5, 995.

Senk-wurst *seŋkwursd* MARLEN. – f.: ‚mehrere Meter langes, mit Steinen gefülltes Holz- oder Drahtgeflecht', zur Ausbesserung schadhafter Uferstellen in Flüssen versenkt MARLEN, MEIN HEIMATL. 1933, 136f. Im Rahmen der Regulierungsarbeiten am Oberrhein wurden „in der Hauptbauzeit jährlich rund 1 Million" davon versenkt eb. 138. – Die Benennung beruht darauf, dass sowohl die langgestreckte, runde Form als auch die Art (eine Hülle mit Füllung) an eine → *Wurst 1* erinnern. – Weiteres → *Senkbruck, Wurstbank*; vgl. *Faschine, Rauhwehr*. – DWb. 10/1, 598; Pfälz. 6, 73.

Senn *sqn* WEHR; *seŋ* STOCKACH; Pl.: *sqne* WEHR. – m.: 1) ‚Viehknecht, Hirte' STOCKACH. – 2) ‚wandernder/umherziehender Milchverkäufer' SCHÄUBLE WEHR 127. – Mhd. *sennære, senne* (m.) ‚Hirte'. – Vgl. *Hirt 1a, Hüterbube*. – DWb. 10/1, 598; Fischer 5, 1364; Schweiz. 7, 1000; SDS I, 37.

† **Senn-ader** f.: ‚Nerv' PICT. LEIBS. ARTZ. E I; 1566 *die nerven oder senn aderen dienen dem Gehirn* eb. B VII. – Mhd. *sënâder*. – DWb. 10/1, 598; Schweiz 1, 87.

Senn-berg m.: FlN, Hof auf der Gemarkung Wintersulgen ALEM. 35, 148, KRIEGER 2, 981; 1213 *Sengteberc* eb.; 1352 *Sengberg* eb.; 1453 *Sendperg* eb. – Geht wohl auf mhd. *sengen* ‚brennen' zurück. – Vgl. *Sengalenkopf, Sengelberg*. – Fischer 5, 1364; Schweiz. 4, 1561. 7, 1004.

Senne(s)-blätter *sēnəblerv* HANDSCH.; *senābledər* O.SCHEFFL.; *sēnəbledv* HEIDELBG; *senābledər* mancherorts Kraichgau; *senəbled(v)r* O.WEIER (RAST.); *sēnisblẹdər* so und ähnlich mancherorts südl. Baden. – Pl.: 1) allg. ‚Blätter des Sennastrauches (Cassia angustifolia, Cassia acutifolia, Cassia senna)', werden zu verschiedenen Arten von Abführmitteln verarbeitet LENZ 3, 19, LENZ WB. 65b, ROEDDER VSPR. 526a, HUMBURGER 186, O.WEIER (RAST.)/ZFDMU. 1916, 282; „als Heiltee" HEIDELBG; laut PICT. LEIBS ARTZ. 106a auch in einem Mittel gegen Asthma (1566). – 2) speziell ‚die Heildroge Sennae folium', ein Abführmittel, hergestellt aus Blättern des Sennastrauches ZIMMERM. HS. 283, ARCH. PHARM. 1922, 155. – Zu mhd. *sen(e)* ‚Sennesstaude, -blatt', entlehnt aus mlat. *sene*. – DWb. 10/1, 579. 602; Els. 2, 168; Fischer 5, 1362 (unter *Senet*); H. Marzell Wb. 1, 862; Pfälz. 6, 73; Schweiz. 5, 186; Südhess. 5, 996.

Senne(s)blätter-saft „*Sensenblättersaft*" BADEN-B.; *senābledərsaft* FREIB. – m.: ‚Sennasirup, Sirupus sennae', Abführmittel, hergestellt aus zerschnittenen Blättern des Sennastrauches (→ *Senne(s)blätter 1*) ARCH. PHARM. 1922, 166. – Zu der für BADEN-B. belegten Lautung/Schreibung vgl. die Anm. unter → *Sennesschefen*. – Vgl. *Darmgichte(r)saft*.

Sennese Schallwort, nur in einem Vers unter → *Sommerblatt*.

Senne(s)-latwerg „*Sennenlatwerk*" BADEN-B.; *sēnis-, sēneládwẹrg* so und ähnlich FREIB., SCHOPFHM, TIENGEN (WALDSH.). – f./n.?: ‚Sennalatwerge, Electuarium e senna, breiartige Arznei aus gepulverten Sennesblättern (→ *Senne(s)blätter 1*) mit abführender Wirkung' ZIMMERM. HS. 247, ARCH. PHARM. 1922, 153. – Zum Grundwort s. → *Latwerge*.

Senne(s)-schefen *sẹnsəšöfə* FREIB. – Pl.: ‚Hülsenfrüchte des Sennastrauches, Folliculi Sennae', bei Darmkolik eingesetzt ARCH. PHARM. 1922, 155. – Zum Grundwort s. → *Schefe 1a*. Die in ARCH. PHARM. 1922, 155 für FREIB. belegte Lautung des Bestimmungsworts ist offenbar volksetymologisch an → *Sense* angelehnt; vgl. dazu auch → *Senfschiefen*. – Vgl. *Darmedichtschefen*. – Els. 2, 398 (unter *Sënneschiffle*).

Senne(s)-schoten *sẹnsəšödə* FREIB., SCHOPFHM; *sẹnsəšödə* FREIB. – Pl.: dass. wie → *Sennesschefen* FREIB./ZIMMERM. HS. 283, ARCH. PHARM. 1922, 155.

Sennet-kraut n.: wohl ‚Blattwerk (→ *Kraut 1a*) einer Senna-Art (vermutlich Senna alexandrina oder Senna reticulata)'; 1819 *Nimm 3 Loth Sennetkraut, säubere es von dem groben Stengel und Wust...* ARZNEYBUCH BIERBR. 19. – Vgl. *Senne(s)blätter*.

Senn-feld *seŋfld* mancherorts NO-Baden. – ON: Dorf bei Adelsheim HEILIG ORTSN. 101, ZFORTSN. 1931, 113; 1301 *Seniffelt* KRIEGER 2, 982; 1395 *zu Senffelt und zu Lubenstad* eb.; 1422 *in dem dorffe zu Sennffelt* eb.; 1548 *Senfeldt* eb. – Zu mhd. *sën(e)f* ‚Senf'. – Vgl. *Senfacker*. – Schweiz. 7, 1004.

Senn-halden f.: FlN FREIB., Lage unbestimmt; 1466 *reben an Sennhalden zw. spittals u. Günterstaler gut* BAD. FLURN. I, 3, 230. – Zu mhd. *senne* (f.) ‚Weide' (oder zu einem FN?). Zum Grundwort s. → *Halde*. – Schweiz. 7, 1004.

Senn-heim n.: FlN WENDLGN; 1352 *reban in dem Senneheim ob dem Mennwege* FREIB./BAD. FLURN. I, 3, 230.

Senn-hof *sqnhöf* MÜNCHW.; *seŋhöf* SINGEN A. H., RIELASGN. – m.: FlN. 1) a) ehem. Gehöft des Klosters Ettenheimmünster, benannt nach einer im 17. Jh. errichteten Sennerei KRIEGER 2, 983, SCHWENDEMANN ORT 1, 178. – b) nicht näher bezeichneter → *Hof 2a* auf den Gemarkungen Nollingen und Binningen KRIEGER 2, 983. – 2) Wald-, Wiesen- oder Ackergelände auf den Gemarkungen Lipburg, Steißlingen, Singen a. H., Rielasingen, benannt nach ehemaligen Hofgütern/Gehöften KRIEGER 2, 983, W. SCHREIBER 22; 1496 *an dem Seenhoff* RIELASGN/HEGAU-FLURN. 2, 52; 1538 *Holtz, genandt der sennhof* SINGEN A. H./W. SCHREIBER ZW. 310; 1656 *ob des Sennhofs zue Steüßlingen guetter* STEISSLGN/HEGAU-FLURN. 6, 53; 1717 *im Sendt hof gelegen* RIELASGN/eb. 2, 52; 1825 *im Thiergarten, oder Sendhof* eb.; 1878 *Hinterer, Unterer Sennhof* SINGEN A. H./W. SCHREIBER ZW. 310; *fordərər, hintərər seŋhöf* RIELASGN/HEGAU-FLURN. 2, 52. – Mhd. *sennehof* ‚Hof mit einer Herde von Alpenvieh, Kühen'. – DWb. 10/1, 602; Fischer 5, 1365; Schweiz. 2, 1031.

Sennhof-anwander m.?: FlN SINGEN A. H.; 1669 *uf Max Denzels Sennhof anwander* W. SCHREIBER ZW. 310. – Zu mhd. *anwender, -wander* ‚angrenzender Acker, Angrenzung'. – Vgl. *Anwande, Anwandel 1. 2*.

Sennhof-brunnen *sqnhöfbrunə* MÜNCHW. – m.: FlN?,

zu → *Sennhof 1a*, oder einfach dort befindlicher → *Brunnen 2* SCHWENDEMANN ORT 1, 178.
Sennhof-hag n.: FlN SINGEN A. H.; 1724 *am Sennhofhaag gelegen* W. SCHREIBER ZW. 310. – Zum Grundwort s. → *Hag 1.*
Sennhof-hof m.: FlN SINGEN A. H.; 1724 *im so gehaißnen Sennhofhof* [!] W. SCHREIBER ZW. 310.
Sennhof-weg sęnhōfwég RIELASGN. – m.: FlN RIELASGN, zum Gewann → *Sennhof 2* führender Weg; 1692 *an den Sönn Hofs weeg* HEGAU-FLURN. 2, 52; 1825 *an den Senthofweg* eb.
Sennin sęnin STAHRGN. – f.: ‚Vieh-, Milchmagd'; *di ālt sęnin* STAEDELE 16. – Vgl. *Senn 1.* – DWb. 10/1, 603.
R **Sens** m.: ‚Herr' PFULLEND./KLUGE R. 340. – Vgl. *Obersens, Senserei*; vgl. *Bare, Prinz 4.* – Fischer 5, 1365. 6/2, 3106.
Sens-bach sęnšbox EBERB. – ON: eig. *Ober-* und *Unter-S.*, Ortsteil(e) der Gem. Sensbachtal im südl. Odenwald, bei Beerfelden (Hessen) 1948 EBERB. – Südhess. 5, 996.
Sense sęsə NASSIG, BREHMEN; sensə mancherorts Taubergrund, U.KESSACH, NEUDENAU, SCHÖNBRUNN, MÖNCHZ., verbr. Kraichgau, FREIOLSHM, LAUTENB. (RENCH); sensə mancherorts Taubergrund, FRIEDRICHSD., EBERB., OSTERBURKEN, LOHRB., KAPPELWI., STOCKACH, KONST.; sęndsə verbr. Taubergrund, mancherorts Bauland; sęnšə KÖNIGHM, HIRSCHLANDEN, BEROLZHM, O.SCHEFFL., ASSAMST., KRAUTHM; sęnšə BREHMEN, BECKSTEIN, mancherorts Bauland; sens MESSELHSN, HANDSCH., BAIERT., PHILIPPSBURG, ÖSTRGN, HOCHSTET. (LINK.), vereinzelt Pfinzgau, NEUBURGW., ERSGN, OTTERSW., ROTENFELS, ERBERSBRONN, KIRSCHBAUMWASEN, RINGELB., GENGENB., WOLFACH; sens vereinzelt Kurpfalz u. Bruhrain, RHEINSHM, RUSSHM, LIEDOLSHM, LINKENHM, verbr. ab KARLSR. bis OFFENB., DONAUESCHGN; sendsə RAPP.; sensi KIRCHARDT; seis AU A. RH., DURMERSHM, BIETIGHM, MUGGENSTURM; sins ETTLGN; souis BILFGN; seinsə EISGN; sơis ERSGN, ELLMENDGN, ÖTIGHM; sơisə NIEFERN; sainds BRÖTZGN; sēis, seiŋs SCHÖLLBRONN; sęiŋs PLITTERSD.; seins PLITTERSD., OOS, KARTUNG; seins OTTERSD.; seŋs IFFEZHM; sḕnds FORB.; sans FREISTETT, DIERSHM, ALTENHM, MEISSENHM, NONNENW., WITTENW., KAPPEL A. RH.; saŋs, sąŋs LEGELSH.; sąns SAND, LANGH., SCHUTTERWALD, ZUNSW.; sạis MÜLLEN, DUNDENHM, ICHENHM, MEISSENHM, OTTENHM, SCHUTTERZ., KÜRZ., ALLMANSW., NONNENW.; sāis ALTENHM, SCHUTTERWALD, MEISSENHM, OTTENHM, NONNENW., WITTENW.; sāis NEUENBURG A. RH.; sęnse BÖTZGN, TIENGEN (WALDSH.), SALEM; sęnsə TIENGEN (WALDSH.); Pl.: sensə OFTERSHM, verbr. südl. von Rastatt u. nördl. Ortenau; sensə NEUBURGW.; sęndsə MÖRSCH; seisə AU A. RH., MUGGENSTURM; sęiŋsə PLITTERSD.; sęinsə OTTERSD.; sęnsv FREIOLSHM; sęnsę̄ BERMERSB. (RAST.); sęndsə KAPPELWI.; sansə FREISTETT; sę̄nsə AUENHM; sąŋsə LEGELSH.; sę̄isə ALTENHM; sāisə ALTENHM, NONNENW.; sā̆isə MEISSENHM, WITTENW.; señsə RADOLFZ. – f.: ‚Handgerät zum Mähen von Gras und Getreide' PLATZ 297, HEILIG GR. 98, LENZ WB. 65, ROEDDER VSPR. 526, LIÉBRAY 275, ODENWALD MPH. 100, MEIS. WB. 153, WAGNER 183, BILFGN/UMFR., EISGN/eb., SCHÖLLBRONN/eb., BRÖTZGN/eb., F. SCHLAGER 57f. 75, RITTLER 124, 1976 PLITTERSD., RUF 35, SCHRAMBKE 67. 85. 119f., BAUR KT. 138, BURKART 199, KILIAN 57, KREUTZ 88, 1935 DURB., MARX 48, BAYER 62, HEIMBURGER 217, ÖTIGHM/ZFDMU. 1914, 254, FREIOLSHM/eb., KARTUNG/eb., OTTERSW./eb., LAUTENB. (RENCH)/eb., GENGENB./eb., OTTERSD./eb. 344, O.WEIER (RAST.)/eb. 1916, 282, FORB./ALEM. 24, 21; 1609 *Von einem pferd, so senßen oder sichlen zeucht, zwolf pfennig* WALLD./BAD. WEIST. 3, 255; *d sāns šlifə* ‚die Sense schleifen' MENG 257; *d sāns šdrixə* ‚die Sense streichen' eb.; *d sāns daylə* ‚die Sense dengeln' eb., ähnlich G. MÜLLER 48; *Seiñ Gewinner war - e Sens!* NADLER 43; *Uf der Kanzel war e Sens* eb. 39; *un duet mittlerwilscht mit sinere g'schliffene Sens' umhaue, was 'm in Weg kunnt* GANTHER STECHP. 124; *Wer ge hai-maie gaihd un sei seis so draid, dass da schbitza noch una schdaid, mueß drei marig zahla, had de burgemoischder gsaid* ‚Wer Heumähen geht und seine Sense so trägt, dass die Spitze nach unten steht, muss drei Mark zahlen, hat der Bürgermeister gesagt' (soll der Büttel oder Schütz vor Jahren ausgerufen haben) 2012 DIETLGN (PFORZH.); Ra.: *jeddsd isch awwa Sänsə* ‚jetzt ist Schluss damit' FREI SCHBR. 146. – Mhd. *sëgens(e), sëns(e), sëns(e)* ‚Sense'; zur Verbr. der Formen s. Kt. → *Segese/Sense* auf Seite 19 sowie die Erläuterungen unter → *Segense.* – Weiteres → *abschlagen 1, I Matte, I Messer 1, I Schore 1*; vgl. *Räum-, Rohrsense*; vgl. *Kneip 3, Segense 1.* – DWb. 10/1, 604; Els. 2, 336 (*Sägese*); Fischer 5, 1312 (*Segense*); Pfälz. 6, 74; Schweiz. 7, 472 (*Segens*); SDS VIII, 179; Südhess. 5, 996; SUF IV, 24.
Sensen-blatt „*sensabladd*" HOCHSTET. (LINK.). – n.: ‚stählerne Klinge der → *Sense'* WAGNER 183. – Zum Grundwort s. → *Blatt 6.* – Vgl. *Segensenblatt.* – Pfälz. 6, 74; Südhess. 5, 997.
Sensenblätter-saft → *Senne(s)blättersaft.*
Sensen-bogen seiŋsə-, seinsəbauə PLITTERSD.; seinsə-, seinsəbōə OTTERSD.; sęnsəbōwə HÜGELSHM; sęnsəbōuə SINZHM; sęnsəbōwə LICHTENAU, HELMLGN, RHEINBISCH., HOHNH.; sęnsəbōgə KAPPELWI., APPENW., ZELL-WEIERB.; sansəbōuə FREISTETT; sęnsəbō"wə RHEINBISCH.; sansəbouə HONAU; sęnsəbauə AUENHM; sęnsəbōuə KORK; saŋsəbouə LEGELSH.; sęnsəbōuə WILLSTÄTT; sęnsəbōiə MARLEN; sę̄səbōjə ALTENHM; sāisəbōiə ALTENHM, NONNENW.; Dim.: sę̄sə̄bę̄jəl ALTENHM; sāisəbę̄gl MEISSENHM; sāisəbę̄il WITTENW. – m.: ‚an der → *Sense* angebrachter Holzrahmen zum Mähen von Getreide' RUF 35; *də sęnsəbōwə iš blōs dsum fruxd* (‚Getreide' → *Frucht 1a*) *mę̄ə banudsd worə* 1975 LICHTENAU. Die Diminutivform steht für die kleinere und schwächere Ausführung, die beim Mähen der Gerste verwendet wird ALTENHM. – Zum Grundwort s. → *Bogen 5.* – Vgl. *Fruchtbogen, -sprügel, Gerstenbögle, Segensenbogen, -sprügel.* – Pfälz. 6, 74.
Sensen-gedengel „*Sensegedengl*" PHILIPPSBURG. – n.: ‚Geräusch, das beim Schärfen der → *Sense* durch Klopfen am → *Dengelstock* entsteht', zur Erntezeit schon früh am Morgen zu hören ODENWALD MPH. 40. 100. – Zum Grundwort s. → *Gedengel.*
Sensen-griff sensəgrif NEUBURGW.; seinsəgrif OTTERSD.; sęnsəgrif OTTENHÖFEN, SCHÖNWALD; sęnsəgrif MARLEN. – m.: ‚mittlerer und/oder hinterer Handgriff der → *Sense'* SSA-AUFN. 74/1. 2. – Zum Grundwort s. → *Griff 3b.* – Vgl. *Segensengriff.* – DWb. 10/1, 610; Pfälz. 6, 75; Südhess. 5, 997.
Sensen-hamme(r) sensəhāmərx RHEINBISCH.; sęnsəhamə KORK; sęnsəhāmr HOHNH. – m. (f.): ‚am Worb (Stiel) anliegender Teil des Sensenblattes' SSA-AUFN. 72/6. – Zur Umdeutung von → *Hamme 1* zu → *Hammer 1* s. → *Segensenhamme(r).* – DWb. 10/1, 610; Pfälz. 6, 75; Südhess. 5, 997.
Sensen-helm sę'nsəheləm PLITTERSD. – m.: ‚Stiel der → *Sense'* 1976 PLITTERSD. – Zum Grundwort s. → *II Helm 1.* – Vgl. *Segensen-, Sensenworb, Sensenwurf.* – Südhess. 5, 997.
Sensen-kegel sęnsəkᵇegl MÖRSCH, MALSCH (ETTL.);

sęnsək*ʰēgl* VÖLKERSB.; sęnsəkegl O.WEIER (RAST.). – m.: ‚Handhabe/Griff am Stiel der → *Sense*' O.WEIER (RAST.)/ZFDMU. 1916, 282; *dr groos un dr klaai sęnsəkegl* ‚der große (obere) und kleine (untere) Griff an der Sensenstange' eb. – Das Grundwort geht wohl auf mhd. *kegel* ‚Knüppel, Stock' (neben ‚Kegel im Kegelspiel') zurück. – Vgl. *Segensen-, Sensengriff, -worb 2.*
Sensen-klapperich „*Senseklabberich*" KARLSR. – m.: dass. wie → *Sensenmann* KRANICH 77. – Das Grundwort gehört wahrsch. zu → *klappern.*
Sensen-mann sęnšəmā̃ O.SCHEFFL.; sęnsəman OFTERSHM. – m.: ‚der Tod, personifiziert als Mann/Skelett mit einer → *Sense*' ROEDDER VSPR. 526, LIÉBRAY 275. – Vgl. *Beinerbaschi, Knochenmann 2b, Sensenklapperich, -michel.* – DWB. 10/1, 610; Fischer 6/2, 3093 (*Segensenmann*); Pfälz. 6, 75; Schweiz. 4, 277 (*Segensenmann*); Südhess. 5, 997.
Sensen-michel sęnšəmiχl O.SCHEFFL. – m.: dass. wie → *Sensenmann* ROEDDER VSPR. 526.
Sensen-nagel m.: FlN, O.BALB./UMFR.
Sensen-ring „*sensaring*" HOCHSTET. (LINK.); sęnsəriŋ NEUBURGW.; sęnsəriŋ ROTENFELS. – m.: ‚Eisenring, mit dem das → *Sensenblatt* am Stiel der → *Sense* befestigt ist' WAGNER 183, HEBERLING 13. – Vgl. *Segensenring.* – Fischer 5, 1313 (*Segensenring*); Pfälz. 6, 75; Schweiz. 6, 1095; Südhess. 5, 997.
Sensen-rücken sęnsəriga NEUBURGW., FREIOLSHM., LICHTENAU, BERMERSB. (RAST.), WILLSTÄTT, HOHNH.; sēisəriga AU A. RH.; sęinsəriga OTTERSD.; sęnsərųga NEUW., OTTERSW., GROSSW., SASBACHWA., MARLEN, ÖDSBACH, SCHUTTERWALD; sānsərega AUENHM. – m.: ‚breiter, unscharfer (= rückwärtiger) Teil des Sensenblattes' MENG 257, SSA-AUFN. 72/7. – Zum Grundwort s. → *Rücken 2.* – Vgl. *Segensenrücken.* – Pfälz. 6, 75.
Sensen-schaft sęnsəšafd 1975 NEUBURGW. – m.: dass. wie → *Sensenworb 1.* – Zum Grundwort s. → *I Schaft 1.*
Sensen-schlüssel „*sensaschlissel*" HOCHSTET. (LINK.). – m.: ‚Werkzeug zum Festziehen der Schrauben am → *Sensenring*' WAGNER 183. – Vgl. *Segensenschlüssel.* – Pfälz. 6, 75; Südhess. 5, 997.
Sensen-schote → *Sennesschoten.*
Sensen-sprügel sęnsəšbrįgl O.WEIER (RAST.). – m.: ‚mit Tuch überspannter Bogen an der → *Sense*', zum Mähen des Getreides (→ *Frucht 1a*) verwendet O.WEIER (RAST.)/ZFDMU. 1916, 288. – Zum Grundwort s. → *Sprügel.* – Vgl. *Sensenbogen.*
Sensen-worb sénšəwōrb HETTGN; „*sensawurb*" HOCHSTET. (LINK.); seisəwuərb AU A. RH.; sęnsəwų̄vb SINZHM; sęnsəwurb GREFFERN; sęnsəwūrb LICHTENT.; sensəwųvb STEINB. (BÜHL); sęnsəwųrb NEUW., HONAU, SASBACHWA., OTTENHÖFEN, ÖDSB., HOHNH., ZELL-WEIERB., SCHUTTERWALD; sęnsęwųrb BERMERSB. (RAST.); sansəwurb FREISTETT; sęnsəwūrb KAPPELWI.; sąysəwurb LEGELSH.; sāsə-, sāisəwųrb ALTENHM. – m.: **1)** ‚Stiel der → *Sense*' WAGNER 183, BURKART 27. 84, SSA-AUFN. 72/5, STEINB. (BÜHL)/ZFDMU. 2, 327. – **2)** ‚Handgriff am Sensenstiel' STÜHLGN. – Mhd. *sênsenworp* ‚Sensenstiel'. – Vgl. *Segensenworb, Sensenschaft, -wurf.* – Fischer 5, 1313 (*Segensenworb*); Schweiz. 16, 1168.
Sensen-wurf sęnsəwörf WERTHM; sęnsəwǫrf HANDSCH.; sęnsəwǫrf verbr. Kurpfalz; „*senseworf*" MERCHGN, HOFFENHM; sęįsəwųrf PLITTERSD.; sęinsəwurf OTTERSD.; sęnsəwųrf WINTERSD.; sęysəwųrf IFFEZHM; sęnsəwųərf HÜGELSHM, LICHTENAU; sansə-, sęnsəworf RHEINBISCH.; sęnsəwų̄rf MARLEN; sęnsəwų̣f OFFENB.; „*sensewurf*" BICKENSOHL. – m.: **1)** ‚Stiel der → *Sense*' LENZ WB. 79, FREI SCHBR. 146, 18. Jh. ALTENHM, SSA-AUFN. 72/5. – **2)** ‚Handgriff am Sensenstiel' PLATZ 297. – Das Grundwort tritt bereits als mhd. *wurf* ‚Sensenstiel' auf (vgl. LEXER MHD. 3, 1005), ist allerdings wahrsch. entstellt aus gleichbedeutendem mhd. *worp* (vgl. DWB. 10/1, 612). Auch der Vokalismus des Grundworts in unseren Belegen zu *Sensenworb, -wurf* deutet auf Vermischungen hin. – Vgl. *Segensen-, Sensenworb.* – DWB. 10/1, 612; Els. 2, 850 (*Segesewurf*); Fischer 5, 1313 (*Segensenwurf*); Pfälz. 6, 76; Südhess. 5, 998; SUF IV, 24.

R **Senserei** f.: **1)** ‚Herrschaft' PFULLEND./KLUGE R. 340. – **2)** ‚Kanzlei' PFULLEND./KLUGE R. 340. – Abl. zu → *Sens.* – Fischer 5, 1365.
Sense-sepp s. u. → *Innozenz.*
sensibel sęnsȋbl BOMB., ENDGN, REUTE (EMM.). – Adj.: ‚feinfühlig, empfindlich' 2009 ENDGN, REUTE (EMM.); *so sęnsȋbl kamv wędə* (vom Geschmacksempfinden) 2008 BOMB. – Vgl. *empfindsam.* – Aus franz. *sensible.* – DWB. 10/1, 612; Schweiz. 7, 1216.
Senten-hart sęntəhād SAULD., ZOZNEGG; sęntəhāt LIGGERSD.; séntəhāt AACH-LINZ. – ON: Dorf bei Meßkirch; 1056 *villa quae vocatur Santanhart* KRIEGER 2, 963; 1240 *Sentinhart* eb.; 1497 *Suntenhart* eb.; 1547 *Sentenhart* eb.; spöttisch *Stinkenhart* genannt 1895 RAST. – Bei KRIEGER 2, 983 als „Hart des Santo" erl., also wohl zum PN *Santo* und zu mhd. *hart* ‚fester Sandboden, Weidetrift, Wald'; s. a. → *Hard* und ausführlich FISCHER 3, 1184ff.
Sentenz sęndénds GENGENB. – m.: ‚Meinung, Wahrheit', bes. in der Ra.: *de Sentenz verlese* ‚jem. die Wahrheit sagen' 1935 DURB.; *Sendenz velese* ‚jem. die Meinung sagen' SCHMIDER KK 93; *si hedmər dər sęndénds fərlęsə əs kai rōdər fádsə mē ānmər hęŋgə blīwənis* ‚sie hat mir so die Meinung gesagt, dass kein gutes Haar mehr an mir blieb' 1932 GENGENB. – Mhd. *sentenzie* (f.), entlehnt aus lat. *sententia* ‚Meinung, Ansicht, Urteil(sspruch)'; mu. Genus m. auch in den Nachbarwörterbüchern belegt. – Weiteres → *verlesen 3b*; vgl. *Kafelantes, Kapitel 1, Levit(en) 2, Marsch 3aα.* – DWB. 10/1, 613; Els. 2, 367; Fischer 5, 1365. 6/2, 3106; Schweiz. 7, 1219.
Senter-bach séndərbāx 1932 REICHENB. (GENGB.). – m.: FlN, 1932 REICHENB. (GENGB.). – Etym. unklar, lautlich auch öfter an → *Zentner* angelehnt: *dséndərbāx.*
Sentür(e) „*Sentir*" MARLEN; sąndūr ob. Markgräflerland. – f.?: ‚Miederband' MARLEN/OCHS-FESTSCHR. 260, BECK 231. – Aus franz. *ceinture* (f.) ‚Gürtel, Taille, Bund'. – Els. 2, 367; Schweiz. 7, 1220.
separat sebvrád REICHENB. (FREIAMT), ENDGN, BÖTZGN, BUCHENB., STAUFEN (BREISG.). – Adj.: ‚getrennt, abgesondert' 1965 EGGENSTEIN, 2010 REICHENB. (FREIAMT), 2008 BÖTZGN, 2010 STAUFEN (BREISG.); *des š sebvrád* ‚das ist getrennt, sind zwei getrennte Dinge/Bereiche' 2009 ENDGN; *dī ege dǫ dī šwędsd wįdv sebvrád* ‚in dieser Ecke (Gegend) wird wieder anders gesprochen' 2010 BUCHENB. – Entl. aus gleichbed. lat. *sēparātus.* – Vgl. *apartig 1, besonder 1, extra 2, ledig 4.* – DWB. 10/1, 616; Südhess. 5, 998.
Separator sebradōr FREIAMT; sepratōr WEHR; Pl.: *sepratōrə* WEHR. – m.: ‚mit einer Handkurbel (oder Motor) betriebene Milchzentrifuge zur Trennung von Rahm und Milch' 1995 FREIAMT, SCHÄUBLE WEHR 136. – Zu → *separat, separieren.* – Weiteres → *Milch 1a*; vgl. *Apparat, Zentrifuge.* – Pfälz. 6, 76; Südhess. 5, 998.
separieren sebrȋrə O.WOLF.; sebrīrə DENZLGN. – schw.: ‚die Fettschicht auf der Milch abnehmen, Milch entrahmen (mit dem → *Separator*)' 1977 O.WOLF., 1972 DENZ-

LGN. – Zu lat. *sēparāre* ‚absondern, trennen'. – Vgl. *abseimen, I rahmen, hinabdrillen.* – DWb. 10/1, 616; Els. 2, 368; Fischer 5, 1366; Pfälz. 6, 76; Schweiz. 7, 1223; Südhess. 5, 998.

Sepp *seb* SECKENHM, verbr. Mittel- und SW-Baden; *sẹb* SANDW.; *sep*[b] NONNENW., SCHILTACH, O.BALDGN; *sep* vereinzelt SW-Baden, verbr. SO-Baden; *sep* INZLGN, ADELHSN, HASEL, GERSB., LAUFENBURG, SUNTHSN; *söp* BÜSSLGN; *sepr* GUTENSTEIN; Dim.: *sebl* MUDAU, MANNHM, OTTERSD., LICHTENAU, UNZH.; *sewl* EBERB.; *sẹbl* SANDW.; *sepl* RIEDBÖHRGN, ENGEN; *sebli* SCHUTTERWALD, GENGENB.; *sepli* ST. MÄRGEN; *seblį* SCHOPFHM; *sepį* HERTEN; *seplį* ESCHB. (WALDSH.); *sepeli* BETTMARGN. – m.: **1)** verbr. Kurzform des männl. VN Josef (→ *Josef 2*) HUMPERT MUDAU 207, BRÄUTIGAM 64, MANNHM GR. 172, HUMBURGER 171, G. MÜLLER 34, 1895 WAGSH., JÄGER 22, SCHWENDEMANN Ort. 1, 38, PFRENGLE HARTHM 38, W. ROTHMUND 12, R. E. KELLER JEST. 58. 67, BERTSCHE 19f., FUCHS 19, FELDBG/MARKGR. 1971, 153; die Häufigkeit des VN an manchen Orten wird in der Geschichte „Mi Kuklupf" in GANTHER STECHP. 55ff. thematisiert: *In mim Heimetneschdli, do het schier alles d'r glichlig Namme; d'Manne heiße Sepp un d'Wiwervölker Seppe* eb. 55; *E jeder Seppli un e jedes Seppili kriagt vun sinere Goddi ein* (einen Gugelhupf) *g'schenkt* eb.; *Wenn d'r Vadder Sepp heißt, sott m'r d'r Bue Arbogascht oder Ludgerus daife* eb.; *„Seppli" ha i endlig g'ruefe, wo m'r d'r Sproch widder kumme nisch, „Seppli, m'r hen's, m'r hens!"* eb. 61; *isch des nit d'r Sepp?* eb. 140; *Auwer mit dem ville Geld isch au d'r Deif'l in Sepp ni g'fahre* eb. 143; *d émišəsewlsin* ‚die Frau des Josef Emig' EBERB.; *d bårdsewlsin* ‚die Frau des Josef Barth' eb.; *Gell, Sepli, 's dunkt di ordeli!* HEBEL 15, 41; *„Toneli", sait der Sepli, „was het echt d'Wisen im Chöpfli?"* eb. 1, 77; *dè Sepp hòt èm Dèschli s' Huuseck aagfahrè* ELLENBAST 17; *Der Sepper... war Hagestolz (Junggeselle) und haushaltete mit zwei Schwestern* HANSJAK. SCHNEEB. 3, 37; *seplį, węn də wídər a maxə mų̄eš, saišos fǫrhęr* ‚Josef, wenn du wieder mal was machen (d. h. kacken) musst, dann sagst du es vorher!' 1932 GENGENB.; *„D'r Kärne-Sepp het schdigger aachd Kinder!"* MEIER WB. 18; *So nemme jetz, Ihr liäwe Litt, / mich, Eier Sepli, a; / Ihr sage gwiß noch kurzer Zitt: / „Jo, der hämm'r grad welle ha!"* Fritz Broßmer, D'r Seppli, Freiburg 1938, S. 3; Kindervers: *Wenn di Sepp miem Sepp nomol Sepp sait, / nu kunnt mi Sepp un haut di Sepp, / daß di Sepp miem Sepp / nimmi Sepp-Sepp sait* ST. MÄRGEN/Schulheft 1968, 6. – **2) a)** Ochsenname 1950 STAUFEN (BREISG.). – **b)** Kuhname MAULBURG. – **3)** *Pariser Seppl* ‚das Spiel → *Lukas 3* auf der Messe/dem Jahrmarkt' UNZH./ACHERBOTE 1926, Nr. 180, 6. – Weiteres → *Geige 1a, ich B3bα, Innozenz, klagen 1b, knuppen, laustern 1a, Leid 1a, liegen B1, I lottern 2, Lump 1d, meinen 4c, I Michel 1b, II nächten, Nudelbrett, obendarauf 1a, Renn 3, I Rose 1a, I Roß 1, Sawackel, scheißen 1a, II schicken, Schlenz 1a, schuldig, Schüttefenster, I sein B2aα, Seppe*; vgl. *Forellen-, Kachel-, Kapfen-, Kleb-, Locken-, Mohren-, Schlämper-, Wasser-, -sepp, -seppel, -sepple.* – Els. 2, 367; Fischer 5, 1366; Pfälz. 6, 76; Schweiz. 7, 1222; Südhess. 5, 998.

Seppe *sebə* so und ähnlich mancherorts Renchtal, 1895 MÜHLENB., 1900 BLEICHHM, ZARTEN, STAHRGN, 1895 KRUMB. (MESSK.); Dim.: „Seppsche" MUDAU; *sébəla* 1930 RADOLFZ. – f.: Kurzform der weibl. VN Josefa, Josefina, Josefine HUMPERT MUDAU 207; *s Bierwirths Sepperle* REICH WANDERBL. 10; „*Du au do, Seppe?*" *sagte sie, etwas zäh* GÖTT KALENDERGESCH. 5; *Es war die sogenannte „kalte" Seppe, auch aus Zarten* eb.; *Es hieß „Sepperle" und war... ein „braves, schaffiges Maidle"* HANSJAK. SCHNEEB. 3, 208; *d amələ und d seb-bə sind gi dsęoll uff də mārgt* STAEDELE 15; *Wege denne ville, ville Sepp un Seppene wurd ...d'r Josephsdag halt gar sölli bi üs g'fiert* GANTHER STECHP. 55. – Weiteres → *Sepp*; vgl. *Wasserseppene*; vgl. *I Schossel, Seff(e) 2.* – Fischer 5, 1366 (unter *Sepp*).

Seppel → *Sepp*.
Seppele → *Seppe*.
Sepp(e)l(e)s-hose „Säbblshouse" mancherorts Kraichgau. – f., Pl.?: ‚Tiroler Tracht' HUMBURGER 171. – Vgl. *Salontiroler*.
Seppel-friedli m.: VN, der männl. Doppelname Josef Fridolin HOTTGN/UMFR. – Weiteres → *Fridolin 2*.
Seppels-garten m.: FlN SINGEN a. H.; 1802 *bey des Sepels Garten* W. SCHREIBER Zw. 310. – Wohl nach einem Besitzer namens Josef benannt. – Vgl. *Sebelsgarten*.
Seppels-haus n.: FlN SINGEN a. H.; 1802 *bey Seppelshaus* W. SCHREIBER Zw. 310. – Wie der vorstehende FlN wohl nach einem Besitzer namens Josef benannt.
Seppel-toni *sebədǭni* LENZK., „Sepelduni" HOTTGN. – m.: VN, der männl. Doppelname → *Josef Anton* HOTTGN/UMFR.; auch als Hofname: *anə axdəsęxdsgi ... dǫ hęd sebədǭnis pędr n s jēliburgilis albərdįnə kírǭdə* ‚anno 68 ... da hat Seppen-Tonis Peter des Jeli-Burgilis Albertine geheiratet' KETTERER 57. – Weiteres (weibl. Form *Josefa Antonie*) → *Schonach*; vgl. *Anton(ius).* – Fischer 5, 1366 (unter *Sepp*).
Seppen-hof m.: FlN, LANGENB. (VILL.)/KRIEGER 2, 984.
Seppen-hofen *sepəhofə* RÖTENB., REISELFGN, GÜNDELWANGEN. – ON: Ortschaft an der Wutach, heute Ortsteil der Gemeinde Löffingen 1977 RÖTENB., REISELFGN; 1122 *Seppinhovin* KRIEGER 2, 984; 1283 *Seppenhofen* eb.; um 1360 *Seppenhoven* eb.; *sepəhofə dųrə* ‚Seppenhofen hinüber' 1977 GÜNDELWANGEN. – Laut KRIEGER 2, 984 zum alem. PN *Seppo/Sippo*.
Seppen-hoferin f.: FlN, FREIB./BAD. FLURN. I, 3, 230; 1344 *dü stelze, 1 mannwerk nebent der seppenhoverin* eb. 247; wohl auf den Namen der Besitzerin zurückgehend.
Sepperle → *Seppe*.
Seppi-peter m.: VN, der männl. Doppelname Josef Peter; *Seppipeta* HARPOLGN/UMFR. – Vgl. *Peter 1a*.
Seppli → *Sepp*.
Sepp-wie-meinsch *sępwimàinš* FRIESENHM. – m.: Übername eines Mannes mit dem Namen Josef, der immer fragt *wie meinsch?* ‚was meinst (denkst, sagst) du?'. – Vgl. *meinen 1*.
Se-prost s. u. → *prosit 2*.
September *sębdembər* ÖSTRGN, SCHILTACH; *sebdęmbər* NEUBURGW., AU a. RH., verbr. nördl. u. mittl. Schwarzwald, ZELL-WEIERB., ob. Markgräflerland, KLUFTERN; *sebdęmbʋ* AU a. RH., PLITTERSD., SINZHM, WEISENB., BERMERSB. (RAST.); *sebdęmba* FREIOLSHM; *sebdęmbr* ROTENFELS, mancherorts Ortenau, O.PRECHT., EICHSTETT., REUTE (EMM.), HOCHD., ST. GEORGEN (FREIB.), GRISSHM, NEUENWEG, O.BALDGN; *sebdembər* HÖRDEN, HUNDSB., O.WOLF., HALBMEIL, SCHILTACH, SCHENKENZ., BRIGACH, ST. MÄRGEN; *sebdembʋ* FORB.; *septęmbr* KAPPELWI., WALTERSHFN, OPFGN, O.SIMONSWALD, GÜTENB., SAIG; *septęmbər* OTTERSW., HERDERN, TODTNAUBG, O.WIHL., ENGELSWIES; *sebdambər* FREISTETT, HONAU, MEISSENHM, FRIESENHM, NONNENW., MAHLBG, BOMB., JECHTGN, IHRGN, TEGERNAU; *sebtęmbər* RHEINBISCH., N.HAUSEN, BÖTZGN, BÜSGN, ORSGN, ÖHNGN, KONST.; *sębdambr* AUENHM, TENINGEN; *sebdambr* LEGELSH., MARLEN, ALTENHM, WITTENW., KAPPEL a. RH., vereinzelt Kaiserstuhl, verbr. Markgräflerland, HASEL; *seb-*

dembr Schenkenz., Reichenb. (Hornbg), Vöhrenb.; *sebdẽmbər* Gutach (Schwwaldb.), Furtwangen; *sebdǫmbr* Ichenhm, Münchw.; *septambr* Herbolzhm (Bleich), Lörrach, Gersb.; *sebdẽmbər* O.precht., Elzach, Bleib., Waldk. (Elzt.), Simonswald, Gütenb.; *septembr* Langensch., Furtwangen, Schwenngn, mancherorts Linzgau; *septempr* Buchenbg, U.kirnach, Bernau, Rotzgn, Grafenhsn i. Schw., Dillend., Eggingen, Lienhm, Dettighfn, Ippgn, Heinstet., Raithaslach, Sauld.; *septembər* Schönwald, Rickenb., O.baldgn, Messk., Burgwlr; *sébtembr* Bottgn; *sebdẽmpr* Denzlgn; *sebtẽmpr* mancherorts südl. Schwarzwald, Gutmadgn, Tengen, Mauenhm, Liggersd., Liggergn; *septẽmpr* verbr. südl. Schwarzwald, Baar, mancherorts Hotzenwald, Klettgau, verbr. Hegau, Linzgau, Paradies; *sebdẽmbər* St. Peter; *sebtempr* Kappel i. T., Jost., Eisenb., Hammereis., Döggingen, Reiselfgn, Stühlgn, Tiengen (Waldsh.), Stetten (Waldsh.), Aulfgn, Büsslgn, Möhrgn, Hilzgn, Heinstet., Hausen i. T., Litzelstet.; *sebtẽm̄br* Buchenb., Uhldgn; *sebdeambər* Harthm (Freib.); *sébdambər* Neuenburg a. Rh.; *sébdambr* Liel; *septambər* Inzlgn; *septambr* Herten; *septampər* Hausen i. W.; *séptempər* Mamb.; *septembr* Schwörst.; *septẽmpər* Todtm., U.bränd, Ühlgn, Bonnd. (Überlgn); *septembə* Herrischrd; *septẽmbr* Säckgn, Schluchsee; *septembər* Laufenburg, Sipplgn; *septempə* Gaiss; *setempr* Kappel (Neust.), Riedöschgn; *sebtempər* Griessen, Friedgn, Öhngn, Markelfgn; *settempə* Randegg; *sedempə, septempə* Gailgn; *septempr* Honstet.; *sebtempər* Aach, Bohlgn, Dettgn; *sebtempə* Iznang, Hemmenhfn, Reichenau; *septempr* Bonnd. (Überlgn); *septemr* Überlgn a. B.; *setempr* Meersburg; *sedembər* Klufteren. – m.: ,der neunte Monat im Jahr' Dischinger 175, Schrambke 117, Heberling 47, Meng 270, Fohrer 200, Schwendemann Ort. 1, 182, Twiste 45, Pfrengle Harthm 84, Siefert 77, Krückels 220, SSA-Aufn. 332, 4; *də dsẽnt sebdǫmbr* 1955 Ichenhm; *mixēli* (→ *Micheli*) *iš dox im sebtembər* 1976 Öhngn; *also ix hä im sebdembr brent* (Schnaps gebrannt) 1971 Eichstet.; *im sebdembv had mv ā no wārdluf šdegə kenə* ,... die Fischreuse (→ *Wartolf*) auslegen können' 1955 Au a. Rh.; *ęndə augušd āfaŋ sebtembr siŋ si* (die Reben) *no gšlosə wörə* 1978 Ebrgn (Freib.); *ęndə sebdembər odv ānfaŋs ǫgdōbər iš als ḩęrbšd* (Weinlese) 1955 Zell-Weierb.; Bauernregel: *Was de Juli kocht, muëß de Sebdämber broode!* Marx B II. – Mhd. *septëmber*, entl. aus lat. *(mēnsis) September*, zu lat. *septem* ,sieben', da der S. der siebte Monat des altrömischen Kalenderjahres war (vgl. Kluge 668). – Weiteres → *Augst 1, I bis 1a*. – DWb. 10/1, 616; Els. 2, 371; Fischer 5, 1366; Pfälz. 6, 77; Schweiz. 7, 1258; SDS VI, 7; Südhess. 5, 998.

September-regen „*Sebdämberräje*" Altenhm. – m.: ,Regenfall (→ *Regen 1*) im Monat September'; Bauernregel: *Sebdämberräje isch im Bür* (dem Bauern) *geläje* (→ *gelegen*), */ wänn är awer de Winzer drifft, isch är genau so schläch wi'e Gift!* Marx B II. – Vgl. *Mairegen*. – DWb. 10/1, 617; Fischer 5, 1366 (unter *September*); Pfälz. 6, 77; Südhess. 5, 999.

Serafin *sérafīn* Schönenb. (Furtw.). – m.: männl. VN. 1910 Etthm („veraltet"), 1940 Freib.; „*Dinderade*", *wie man zu dem Bierbrauer zum „grünen Baum", Seraphin Franz, sagte* Mein Heimatl. 1928, 210. – Aus dem Hebr., bes. durch die Bibel verbr. Das Wort *Seraphim, -in* bedeutet im Hebr. ,die Brennenden' und ist Pl. von *Seraph* (vgl. DWb. 10/1, 618 u. E. Nied 36). – Fischer 6/2, 3107; Schweiz. 7, 1269; Südhess. 5, 999 (*Seraphin*).

Serafine *sérafīnə* Schönenb. (Furtw.). – f.: weibl. VN. – Zur Herkunft vgl. den vorstehenden männl. VN. – Fischer 5, 1367; Schweiz. 7, 1269.

Seramin FN: 1914 Kenzgn.

Serb nur im PflN *Hühnerserb*, s. u. → *Hühnersedel 3* sowie in der Schreibung *-serp* unter → *Hühnersenf*.

Serbel *sārbl* Heitershm, Wies; *sęrbl* Istein, Buch (Waldsh.), Grafenhsn i. Schw., Gaiss, Weilhm, Krenkgn, Schwerzen; *sęrbəl* Lörrach, Wehr, Eschb. (Waldsh.); *serbl* Häusern; *sęrbl* Schopfhm, Ühlgn, Büsgn, Pl. wie Sg.; Dim.: *sęrbili* Tiefenhäusern. – m.: ,kränklicher, schwächlicher, verkümmerter Organismus (von Menschen, Tieren oder Pflanzen)' Krückels 143, Glattes 33, W. Rothmund 10; *'s isch nù so-n-en Särbel* Schäuble Wehr 128. – Nominalbildung zu → *serbel(e)n, serben*. – Vgl. *Kerbel 2, Serb(l)er*. – Fischer 6/2, 3107; Schweiz. 7, 1336.

serbel(e)n „*serble*" Schutterwald, Hofw.; *sǫrblə, sārblə* Münchw.; *sęarblə* Sunthsn; „*serb(e)le*" Auggen, Esslgn; *sęrblə* mancherorts ob. Markgräflerland, Wehr, mancherorts Hegau; *sęrblə* Opfgn, Istein, Steinen, Lörrach, O.baldgn, Konst.; *sörflə* Singen a. H.; *sęarblə* Honstet.; *sęablə, sęəflə, siarblə, siərflə* Liggersd.; *serbələ* Stockach; *searblə* Markelfgn; *sęrbələ* Sipplgn; *sęərflə* Uhldgn; *sęrblə* Ahsn; Part.: *gsārbləd* Wies. – schw.: **1) a)** ,kränkeln, dahinsiechen', von Menschen und Tieren Braunstein 58, Bayer 62, Schwendemann Ort. 2, 3, 1978 Wies, Glattes 16, Beck 115, Sunthsn, Esslgn, W. Schreiber 26, Fuchs 23. 62, Ellenbast 65, E. Dreher 22. 57. 60, Joos 96. 275, Singen a. H./Der Hohentw. 1924, 73, Feldbg/Markgr. 1971, 149; *er sieht nicht aus, als ob er kränkle und serble* Burte Wiltf. 25; *aber vu do aa häter nu no gserbeled* ,von da an siechte er nur noch dahin' Flügel 50; *sy vata* (sein Vater) *... het siedaha* (seither) *g'serblet* G. Uehlin Föh. 53; *'s goòt nümmi lang mit em; er särblet bloß nò so* ,es geht nicht mehr lange mit ihm, er siecht nur noch so dahin' Schäuble Wehr 128. – **b)** ,nicht richtig gedeihen, in der Entwicklung zurückbleiben, verkümmern', von Pflanzen Schwendemann Ort. 1, 153, Auggen, Krückels 143, Esslgn, Stockach, Frickgn; *dèsèll Bomm* (Baum) *sèrblèt* Ellenbast 65; *die Weinstöck serbelten* Burte Wiltf. 278; *wa allno stoot / des krankt und serblet allszue / Stock um Stock* Epple Doo 89; *aber wenn man schon den Saft vom Baum zieht, so lange er fingersdick ist, wird er keinen Wald kriegen, geschweige denn Obst bringen, sondern serblen und abstehen* Burte Wiltf. 21. – **2)** ,zerfahren, aufgeregt sein' Opfgn. – Mhd. *sërwelen, sërblen* ,kränkeln'. – Weiteres → *abstehen 3*; vgl. *abserbeln*; vgl. *serben*. – DWb. 10/1, 621; Els. 2, 373 (*serblen*); Fischer 5, 1368 (unter *serben*); Pfälz. 6, 77; Schweiz. 7, 1337; Südhess. 5, 999.

serben *sęrbə* Gündlgn, Bollschweil, Ay, Gündelwangen, Ewattgn; *sęvrbə* so und ähnlich mancherorts Baar; *sęərbə* Möhrgn, Engen, Singen a. H.; *sęəbə* Möhrgn, Singen a. H.; *serbę* Worblgn. – schw.: **1)** ,kränkeln, dahinsiechen', von Menschen und Tieren Ay, Reich Baar. Id. 9, Möhrgn, W. Schreiber 16, Worblgn. – **2)** ,nicht gut gedeihen, langsam wachsen', von Pflanzen und teils auch Tieren 1977 Gündelwangen, Ewattgn, Gutmadgn, Kirner 87. 236, 1976 Engen. – Mhd. *sërwen, sërben* ,kränkeln, dahinwelken, innerlich abnehmen'. – Vgl. *abgehen 3, kränkeln, krebsen 3, I kümmern 1d, II rebeln, serbel(e)n, siechelen, siechen*. – DWb. 10/1, 621; Els. 2, 373; Fischer 5, 1368. 6/2, 3107; Pfälz. 6, 77; Schweiz. 7, 1339; Südhess. 5, 999.

Serbien *sęrbiə* LÖRRACH. – n.: ‚bestimmte Häusergruppe, Arbeitersiedlung', liegt gegenüber von → *Bulgarien* 1937 LÖRRACH. – Wohl in Anspielung auf dort angesiedelte Arbeitskräfte aus dem Ausland. – Vgl. *Türkei 2*.

serbig *sę̄rpig* PRÄG; *sęrwig* NEUST.; *sęvrbig* DÖGGINGEN; *sęərbig* MÖHRGN; *searbig* HATTGN; *sęrbig* KRENKGN, TENGEN; *sęə(r)big* SINGEN A. H. – Adj.: **1)** ‚krank, siechend, körperlich abbauend', von Menschen und Tieren FREIB., HARTHM (FREIB.), FELDK., 1980 PRÄG, REICH BAAR. ID. 9, HATTGN, W. SCHREIBER 26. – **2)** ‚schlecht gedeihend, schwächlich, im Wachstum zurückgeblieben', vor allem von Tieren und Pflanzen, teils auch von Kindern FREIB., NEUST., 1979 KRENKGN, 1977 TENGEN, MÖHRGN; ein kleines, im Wachstum zurückgebliebenes Schwein *ist ə sęrbiks* 1977 AULFGN, ähnlich: *ə sęvrbig stīli* (Säulein) 1977 DÖGGINGEN. – Abl. zu → *serbel(e)n, serben*. – Vgl. *finselig, krüftlig, lotterig 2, mattertalkicht, mauderig 1, mucht, recksig, schwächlich, serblig, siech, -ig.* – Els. 2, 373; Pfälz. 6, 77.

Serb(l)er *sarbər* EHRENSTET.; *sęrbr* WELMLGN; *sęrbr* GÜNDELWANGEN; *sęvbr* DÖGGINGEN; *sęrbər* IPPGN; *sęərbər* MÖHRGN; *sęrblər* HERDWANGEN, WINTERSULGEN. – m.: ‚kränkliches, schwächliches, im Wachstum zurückgebliebenes Geschöpf', bes. in Bezug auf Kinder oder junge Tiere. – Nominalbildung zu → *serbel(e)n, serben*. – Vgl. *Krächzer 2d, Kropf 2h, Serbel, Serbling.* – DWb. 10/1, 622 (unter *serben 4*); Els. 2, 373; Schweiz. 7, 1342.

serblig *sęrblig* mancherorts ob. Markgräflerland, AY; *sę̄rplig* ROTZGN, RICKENB., O.WIHL, LIENHM; *searblig* SUNTHSN; *sęəflig* LIGGERSD. – Adj.: ‚schwach, kränklich, schlecht gedeihend' GLATTES 23, 1895 und 1979 ROTZGN, AY, 1979 RICKENB., O.WIHL, 1978 LIENHM, E. DREHER 22; Beschimpfung: *du searbligə kōg!* (→ *Kog*) SUNTHSN. – Abl. zu → *serbel(e)n, serben*. – Vgl. *geserblig*; vgl. *serbig.* – Fischer 5, 1368. 6/2, 3107 (*serblich*); Schweiz. 7, 1338.

Serbling *sęrbleŋ* GRIESSEN; *sęvrbliŋ* REISELFGN, RIEDBÖHRGN, GUTMADGN, AULFGN; *searbliŋ* so und ähnlich mancherorts Baar, LIGGERGN; *sęrbliŋ* HINTERZTN, EGGINGEN, DETTIGHFN, LOTTSTET., IPPGN, TENGEN, HILZGN, RIELASGN, GAILGN, FRIEDGN, STAHRGN, BONND. (ÜBERLGN); *seərbliŋ* SCHWAND.; *sęərbliŋ* ENGEN; *sęrbliŋ* DEGERNAU, EWATTGN, FÜTZEN, DILLEND., BONND. (ÜBERLGN), HOHENBODMAN; *sęərfliŋ* UHLDGN. – m.: **1) a)** allg. ‚schwaches, abgezehrtes, dahinsiechendes Geschöpf', auf Menschen und Tiere bezogen SUNTHSN, REICH BAAR. ID. 9, DEGERNAU. – **b)** speziell ‚kleinstes, im Wachstum zurückgebliebenes Schwein' BUCHENB., HINTERZTN, VÖHRENB., mancherorts Baar, Hegau, Klettgau und Linzgau. – **2)** Schimpfwort HATTGN. – Nominalbildung zu → *serbel(e)n, serben*. – Vgl. *Serbel, Serb(l)er.* – DWb. 10/1, 622; Fischer 5, 1368. 6/2, 3107; Schweiz. 7, 1338.

Serch „*Saerch, Serch*" O.MÜNSTERT. – m.: ‚Lausbub, Spitzbub' 1932 O.MÜNSTERT. – Vgl. *Schelm 3a, Seicher 2b, Siech 1b.* – Fischer 6/2, 3107 (andere Bedeutung).

seressanisch Adj.: „kroatisch, rotmäntelig" E. Ochs hs. Eig. ‚einer bestimmten Soldatentruppe, den *Seressanern*, angehörend'; *Aber auch diesem* (dem Nachbarbauern) *lag das Haus voll seressanischen Volkes* (fremdländischer Soldaten)*, und er wußte in der Tat wenig Trost ...* REICH HIERON.² 165. – Die *Seressaner* (auch *Serezaner*) waren berittene Mannschaften, die seit 1700 den früheren österreichischen Grenzregimentern angehörten. Sie trugen rote Mäntel und wurden daher auch *Rotmäntel* genannt (vgl. Meyers Großes Konversationslexikon. Sechste Auflage. Leipzig/Wien 1905–1909, Bd. 6, Sp. 369). Den *Seressanern* gehörten offenbar viele Südslawen an.

Serf FN: vor und nach 1809 bei Juden in Baden gebr. DREIFUSS FN JUD. 111. – Franz. *cerf* ‚Hirsch'. – Vgl. *I Hirsch 2a.* – Fischer 5, 1368 (andere Bedeutung).

serfeln ‚kränkeln, dahinsiechen' → *serbel(e)n*.

R **Serf-nolle** „*servnolle*" PFULLEND. – m.?: ‚Brennkessel' KLUGE R. 341. – Zu rotw. *Serf* ‚Feuer' (vgl. FISCHER 5, 1368, s. dazu hebr. *sarfen* ‚brennen' unter → *sarfen*); Grundwort ist rotw. → *III Nolle* ‚Topf'. – Vgl. *g(e)särft, Soruf.* – Fischer 5, 1368.

Serg m.: Kurzform des männl. VN Hans Jörg BRÖTZGN. – Vgl. *Hans Jörg 1*.

Serge „*Särg*" SASBACHWA.; *sęrš* FREIB.; Pl.: „*Särge*" SASBACHWA. – f.: **1)** ‚Kleider-, Futterstoff aus Wolle, gemischt mit Leinen oder Seide', für Trachtenschürzen verwendet FREIB. u. Umg.; 1556 *Husslierer mit sergen und anderer clainfüegen wahr* ÜBERL. STADTR. 466; 1604 *von ainer Sergen 2 1/2 Schilling Rappen* SCHWEIGHSN/ORTEN. 1922, 84. – **2) a)** ‚Decke aus mit Leinen oder Seide gemischtem Wollstoff'; 15. Jh. *Item Vusern Hensels Peter hatt geben ein serge uff den altar* STEINMAUERN SEELBUCH/FREIB. DIÖZ. ARCH. 2001, Nr. 157; 15. Jh. *item und I serge pro vestimento super altare Leonhardi* eb. Nr. 105. – **b)** Pl.: ‚Kleider' spöttisch SASBACHWA. – Mhd. *serge* ‚Wollstoff, teils mit Leinen oder Seide gemischt, sowie daraus gefertigte Decke', aus franz. *serge*, laut DWB. 10/1, 623 zu mlat. *sargia*. – Vgl. *I Tuch 1, I Kolter, Örliger.* – Els. 2, 374; Fischer 5, 1368; Pfälz. 6, 78; Südhess. 5, 1000 (*Sersch*).

Sergeant *sęršánd* so u. ä. mancherorts NO-Baden, RHEINBISCH., OTTENHM, LÖRRACH; *ševšánd* PLANKST.; *sęršand* OFTERSHM; „*Schaschand*" mancherorts Kurpfalz; *ševšánd* WIESLOCH; *sęršā́nd* PFORZHM; „*Serschond*" SANDW.; „*Scharschand*" REUTE (EMM.); Pl.: *sęršandə* O.SCHEFFL. – m.: ‚militärischer Dienstgrad eines Unteroffiziers' PLATZ 297, ROEDDER VSPR. 526, TREIBER 75. 96, LIÉBRAY 275, FREI SCHBR. 152, O. SEXAUER 170, G. MÜLLER 34, HEIMBURGER 239, BECK 238; *Un die Poschtur vun unserm Herrn Sergeant, / Die wär em, sächt er, doch jetz so bekannt* NADLER 69. – Zu franz. *sergent* ‚Feldwebel, Unteroffizier', das auf lat. *serviens* zurückgeht. Das Wort ist bereits im mhd. als *sarjant, serjant* (u. ä.) ‚Diener des Ritters, Knappe, Fußknecht' verbr. Zur Enwicklung von Lautung und Bed. s. DWB. 10/1, 625. – Vgl. *Feldwebel 1, Korporal 1.* – DWb. 10/1, 624; Els. 2, 375 (*Serschant*, andere Bed.); Fischer 5, 1369 (*Serschant*); Pfälz. 5, 940 (*Scherschant*); Schweiz. 8, 1305 (*Schersant*); Südhess. 5, 1000 (*Serschant*).

† **sergen** Adj.: ‚aus → *Serge 1* bestehend/hergestellt'; 1577 *Sergen decke* PFULLEND./ALEM. 3, 289; 1790 *sie trägt (einen) chargenen Schurz mit gelben Banden* KENZGN, FREIB. – Vgl. *seiden.* – DWB. 10/1, 625; Fischer 5, 1369. 6/2, 3107.

† **Sergen-mann** m.: ‚jem., der berufsmäßig mit → *Serge 1* handelt' ÜBERLGN; 1556 *Von ainem sergenmann: sechs kreutzer* ÜBERL. STADTR. 466.

† **Sergen-weber** m.: ‚jem., der berufsmäßig → *Serge 1* verarbeitet/herstellt' DURLACH; 1551 *Hans Wey, Sergenweber* E. SCHNEIDER DURL. 223. – Mhd. *sergenwëber.* – Vgl. *Seidenweber.* – DWB. 10/1, 626; Fischer 5, 1369.

Seri-bach m.: FlN EBRGN (FREIB.); 1350 *curia in seribach* ROOS 480. – Bestimmungswort gehört vermutlich zu → *sehren, Sehre.* – Fischer 5, 1367.

Serie *serīə* REUTE (EMM.); *sērīə* SCHOPFHM. – f.: ‚Reihe' 1935 SCHOPFHM; *v ganzi Serīv* REUTE (EMM.). – Mhd. *sërje* ‚Reihe, Streifen, Reihenfolge, Zeitlauf', entl. aus lat. *series*. – Vgl. *Doppel, I Reihe.* – DWB. 10/1, 626.

serien-weise *serivwīs* Reute (Emm.). – Adv.: ‚in großer Zahl'. – Vgl. *haufen-, reihenweise*.
Seri-graben m.: FlN Ebrgn (Freib.); 1381 *von eim garten da hinter serigraben* Roos 480. – Vgl. *Seribach*. – Fischer 5, 1367.
seriös Adj.: ‚ernst, ernsthaft'; *a seriesi Gsellschaft* Reute (Emm.). – Aus franz. *sérieux, sérieuse* ‚ernsthaft, zuverlässig'. – Vgl. *ernstlich 2*. – DWb. 10/1, 626; Els. 2, 371 (*seriös*); Südhess. 5, 1000.
Serm Genus?: ‚Rausch' Ebersw./Ochs-Festschr. 259, galt 1935 in Durb. als neuere Bez. – Wohl zu → *Sürmel*. – Vgl. *Rausch, Seife 2*.
Sermon m.: ‚Geschwätz' 1988 Fischerb. – Mhd. *sermón* ‚Rede', entl. aus lat. *sermo*. – Vgl. *Tratsches, Verza(h)l, Gepappel, Gepäpper, Gesäge, Gesalbader, Geschnätter, Schwätzerei, Schwätzes*. – DWb. 10/1, 626; Fischer 5, 1369; Pfälz. 6, 78; Schweiz. 7, 1326; Südhess. 5, 1000.
Serm(t)e f.: ‚abgeschnittenes Rebholz, Rebholzbündel' → *Särmde*.
Sern *sērn* Rheinbisch. – f.: FlN?, „ein Platz im Dorf" Rheinbisch. – Etym. unklar.
Sernatingen ON: Dorf am Bodensee, im Jahre 1826 zu Ehren des Großherzogs Ludwig in *Ludwigshafen* umbenannt; 1145 *Sernotingen* Krieger 2, 111; 1273 *Sernatingen* eb.; 1346 *Sernattingen* eb.; 1443 *das gericht ze Sernatingen, zwing und benn, wunn und waid sint des spitauls ze Uiberlingen* eb. – Laut Krieger 2, 111 bed. der ON ‚bei den Angehörigen des Sernot'. – Vgl. *Ludwigshafen 1*.
Sernatinger FN: typischer Herkunftsname für die Bodensee-Gegend, ‚aus → *Sernatingen*' Bad. Heim. 2000, 543 (mit Verbreitungskarte).
Serpentine ‚Feldgeschütz' → *Scharfentünle*.
Serr-bühnd f.: FlN Gengenb., Gernot Kreuz, Die Flurnamen von Gengenbach zur Zeit der badischen Katastervermessung. In: Beiträge zur Volkskunde in Baden-Württemberg 8 (2004), S. 105. Mundartform *sērbįnd*. – Zum Grundwort s. → *Beunde*, zum Bestimmungswort s. → *Serre*.
Serre *ser(ə)* O.weier (Rast.). – f.: **1)** ‚Lattengitter, Schlagbaum, Verschlussgatter zum Absperren von Durchlässen in Umzäunungen' Fautenb., Kippenhm, Rastatt/Alem. 7, 91, O.weier (Rast.)/ZfdMu. 1916, 282. 1917, 160, Steinach/Bad. Flurn. III, 3, 94; 1330 *Bi der serren oben im Dorf* W. Kleiber Kipp. 93; 1432 *von einer bünde zu kartunge an der Serren* Sinzhm/Orten. 2002, 320; 1551 *acker am breitten louch, bym Brücklin, an der Serren* eb.; 1600 *in dem Leyßlich bey der Sarren* Schwarzach/eb. 1975, 269; 1750 *müssen zwo serren, die eine unten bey dem brechhäusel, die andere in der Baumgaß … erhalten … werden* eb.; *d serr* Hildmannsf./Bad. Flurn. I, 2, 20. – **2)** FlN, eingezäuntes Ackerfeld mit Durchlässen im Zaun, die durch eine → *Serre 1* geschlossen wurden Steinach/Bad. Flurn. III, 3, 94; 1632 *bey der Serren* eb.; 1813 *auf der Serren* eb. – Entl. aus mlat.-rom. *serra* ‚Schloss, Verschluss'. – Vgl. *II Tor 1, Gatter 1a, Schlucke 1b*. – DWb. 10/1, 627; Els. 2, 371 (*Serr*); Pfälz. 6, 78; Schweiz. 7, 1269 (andere Bedeutung).
Serren-acker m.: FlN ‚Feldstück, das eine → *Serre 1* als Durchlass hat'; 1496 *anderseits neben dem Serren ackher* Rielasgn/Hegau-Flurn. 2, 52; *d sàrreaggere* Steinach/Bad. Flurn. III, 3, 94.
Serren-weg m.: FlN ‚Weg der zur → *Serre 1* führt'; 18. Jh. *serren Weeg, Serrenweg* Steinach/Bad. Flurn. III, 3, 94; später mehrfach falsche Schreibung: 1824 *Des Herrn Weg* eb. – Pfälz. 6, 78 (*Serrweg*).

Serrnuss FlN → *Seeruns*.
Serr-wiesen *sęrwīsə* Ettlgn. – Pl.: FlN, von Ackerland umgebenes Wiesengelände, früher wohl eingefriedet und mit einer → *Serre 1* versehen E. Schneider Ettl. 2, 182; 1697 *in die sehr wisen hinein* eb.; 1761 *auf den Bruchheiserer seer wisen* eb.; 1780 *unten die Serrwies* eb.; 1828 *Wiesen auf den Serrwiesen* eb.
Serschant → *Sergeant*.
Servaz(ius) *sérəfāds* Kappelwi.; *sérfāds* Pfaffenwlr (Freib.). – m.: **1)** ‚der hl. Servatius, einer der Eisheiligen' Burkart 101, E. Nied 87. – **2) a)** ‚die versteckte Waldkapelle des hl. Servatius' 1951 Pfaffenwlr (Freib.). – **b)** *dr ǻld sérfāds* ‚kleine, alte Servatiusstatue im unwegsamen Wald' 1951 Pfaffenwlr (Freib.). – Vgl. *Bonifaz(ius) 1, Eisheilige, Sofie*. – Fischer 5, 1369; Schweiz. 7, 1296; Südhess. 5, 1000.
Servela → *Serwela*.
servieren *serwįərə* Rheinbisch., Schapb.; *serwīrə* Neuenweg. – schw.: ‚die Speisen zu Tisch bringen und anrichten, bedienen'; *no gönd sį ds nąxd go serwīrə* ‚und am Abend gehen sie dann bedienen' (als Erwerbstätigkeit) 1979 Neuenweg; *un no bin įx in d wįrdšafd kumə dsųm serwįərə* ‚und dann habe ich begonnen, in einem Wirtshaus zu bedienen' 1955 Schapb. – Aus franz. *servir*. – DWb. 10/1, 629; Els. 2, 375 (*servieren*); Fischer 5, 1369. 6/2, 3108; Pfälz. 6, 79; Schweiz. 7, 1343 (*servieren*); Südhess. 5, 1001.
Servier-spritze „Servierschbritz" Karlsr. – f.: ‚Kellnerin, Bedienung', scherzh. Kranich 74. – Vgl. *Serwis 1*. – Pfälz. 6, 79.
Serviette „Säwijedd, Säwijadd" mancherorts Kurpfalz; *sərwjéd* Pforzhm; *serwjed* Auenhm, Altenhm; „Svrwiettv" Reute (Emm.). – f.: ‚Tuch zum Abwischen des Mundes und der Hände beim Essen' Frei Schbr. 146, O. Sexauer 146, Meng 168, Fohrer 102. – Aus franz. *serviette*. – Weiteres → *Gebild*; vgl. *Salfete*. – DWb. 10/1, 629; Els. 2, 375 (*Servett*); Fischer 5, 1370. 6/2, 3108 (*Serviett*); Pfälz. 6, 79; Schweiz. 7, 1344 (*Serviette*); SDS V, 137 (*Serviett*); Südhess. 5, 1001.
servus *sérwųs* so und ähnlich mancherorts. – Interj.: Grußformel zum Abschied oder zur Begrüßung Bräutigam So 122, Dischinger 174, Bertsche 75; *Servus Sepp! Chunsch endlich*. O. Rothenberger 27. – Von lat. *servus* ‚Diener'. – Vgl. *adje, salü*. – Eichhoff 1, 48; Fischer 5, 1370; Pfälz. 6, 79; Südhess. 5, 1001; SUF V, 61f.
Serwela *sérwelā* Mannhm, Heidelbg; *serwelā* Schrieshm, Sandhsn; *sérwelā* Handsch.; *serwəlā* so und ähnlich O.scheffl., Östrgn, mancherorts Kraichgau, Tribg; *sęərwəlā* Kappelwi.; *sęrwilā* Rheinbisch., O.schopfhm; *serwela* Appenw.; *sǫrwəla* Münchw.; *serwəla* Schonach, Gremmelsb., Stockach; *sǫrwəlv* Reute (Emm.); *sęrbela, sérbola, sérwəla* Freib.; *sęrbələ* Wehr, Radolfz.; *sęrbələ* Stockach, Markelfgn; *sęrfələ* Konst. – f.: ‚Zervelatwurst, (kleine) Fleischwurst' Bräutigam So 122, Dischinger 175, Lenz 3, 19, Roedder Vspr. 360a, Humburger 199, Burkart 251, Schäuble Wehr 128, Fuchs 23, Ellenbast 65, Zinsmeister 38, Joos 94, O.schopfhm/ZfhdMu. 1, 317; tw. weiter ausdifferenziert oder näher erl.: „Knackwurst" G. Maier 136, „rote Wurst" Fleig 117, „kleine Handwurst" Heidelbg, „heiß oder kalt zu essen" Schwendemann Ort. 3, 89; *v Portzian* (Portion) *Sarwəlv* Reute (Emm.); *e Päärle Servelåå* ‚zwei Fleischwürstchen, die warm gegessen werden' Herwig-Schuhmann 114; *e Päärle Serwela im Kadoffelsaláåd* Lehr Kurpf.² 135; *sęks sérwəla tsum tsālə* ‚sechs S. zu bezahlen', sagte man früher, wenn man eine als kostenlose Dreingabe haben wollte (scherzh.) Freib.; Brauch

unter Schülern in Freiburg: „Humorvolle Schüler trugen beim Klassenausflug eine lange Särbela-Kette um den Hals, ein Kollier, das reißenden Absatz fand und nie den Marsch zum Schauinslandgipfel überstand." A. MÜLLER 2, 91f. – Aus franz. *cervelas* ‚Fleischwurst', it. *cervellata* (vgl. KLUGE 118). – Weiteres → *Leberwurst, Linse 1, Knackwurst, zahlen*; vgl. *Batze(n)würst(e), Preßwurst, Schübling 1.* – Els. 2, 375 (*Serwila*); Pfälz. 6, 1584 (*Zervelat*); Schweiz. 7, 1344; Südhess. 5, 1000 (*Servelat*).

Serwela-hengst m.: ‚Person, die im Gasthof immer eine → *Serwela* bestellt' 1907 HEIDELBG. – Vgl. *Hengst 3.*

Serwelat-wurst *salfənắdwōršd* HETTGN, mancherorts Kraichgau; *salfənắdwǫvšd* HANDSCH., RAPP.; *sạlfənắdwǫršd* O.SCHEFFL.; Pl.: *sạlfənắdwęršd* O.SCHEFFL.; Dim.: *sạlfənắdwęršdlə* O.SCHEFFL. – f.: dass. wie → *Serwela* LENZ 4, 9, ROEDDER VSPR. 503a, MEIS. WB. 149b, HUMBURGER 171. – DWb. 10/1, 628 (*Servellatwurst*); Fischer 5, 550 (*Salvenatwurst*); Pfälz. 6, 1584; Südhess. 5, 1000.

Serwis *sęrwīs* RHEINBISCH., FREIB.; *sǫrwīs* REUTE (EMM.). – n.: **1)** ‚Bedienung, Kellnerin'; *das sęrwīs wird gewechselt* 1955 FREIB. – **2)** ‚in Form und Farbe übereinstimmendes Tischgeschirr' RHEINBISCH., REUTE (EMM.). – Aus franz. *service* ‚Dienst, Bedienung, Tafelgeschirr'. – Zu Bed. 1 vgl. *Aufwärterin, Kellermädle, -mensch, Kellnermädle, Servierspritze*; zu Bed. 2 vgl. *Porzellangeschirr.* – DWb. 10/1, 628 (*Service*); Els. 2, 375 (andere Bedeutung); Fischer 5, 1370. 6/2, 3108 (*Servis*); Pfälz. 6, 79 (*Service*); Schweiz. 7, 1344 (*Serwiss*); Südhess. 5, 1001.

Serwis-käpple → *Zereviskäpple.*

Sesen-heim *sę̄sənə* LICHTENAU. – ON: Dorf im Elsass, amtl. Schreibung heute *Sessenheim*; *nįwər uf sę̄sənə* ‚hinüber nach S.' 1974 LICHTENAU.

Seß n.: FlN PFAFFENWLR (FREIB.); 1423 *an der sundhalden ... z herab uf das eß* [sic!] ROOS 366. – Ahd./mhd. *sëz* (n./m.) ‚Sitz, Wohnsitz'. – Vgl. *Be-, Burg-, Truchseß*; vgl. *Säß 2.* – DWb. 10/1, 637 (*Sesz*); Els. 2, 376; Fischer 5, 1370. 6/2, 3108; Pfälz. 6, 79; Schweiz. 7, 1381; SDS VI, 78; Südhess. 5, 1002.

Seß-brunnen m.: FlN, in Stein gefasste Quelle ODENHM/KÜNZIG 123, auch → *Siegfriedsbrunnen* genannt.

Sessel *sesəl* WERTHM, HEUWLR, FELDK.; *sędsəl* WERB.; *sęsl* HETTGN, O.SCHEFFL., HANDSCH., RAPP., ZAISENHSN, MÖRSCH, ROTENFELS, SANDW., O.SCHOPFHM, TIENGEN (FREIB.), WIEDEN; *sesl* OFTERSHM; *sạsl* AUENHM, ALTENHM; *sęsəl* ALTENHM, FURTWANGEN; *sę̄səl* BERGHAUPTEN; *sǫsl* MÜNCHW., REUTE (EMM.); *sę̄sl* FELDK.; *sęəsl* KONST.; Dim.: *sęsələ* O.SCHEFFL.; *sęsilə* RAPP.; *sęsiḷį* WALDK. (ELZT.); *sę̄si* TIENGEN (FREIB.). – m.: **1)** ‚bequemes, gepolstertes Sitzmöbel mit Rücken- und Armlehne' WERB., LENZ WB. 65b, ROEDDER VSPR. 526a, LIÉBRAY 275, MEIS. WB. 153a, HEBERLING 15, G. MÜLLER 34, MENG 150, FOHRER 74, WAHR 21, JOOS 91, O.SCHOPFHM/ZFHDMU. 1, 317, ZAISENHSN/ZFDMU. 1907, 270; *dr Sǫsl* SCHWENDEMANN ORT. 2, 33; *wi deer sich in də Sęsəl gflöödsd hod!* ‚wie der sich in den Sessel hingelümmelt hat' PLATZ 297; *Dia Säsəl un dia Schtüal sin au anderscht as wia mer's sunsch für gwönli so hät* O. FWGLR 20; ein Kinderspiel heißt *sęsiḷį drägə* (s. u. → *tragen 1*, vgl. *Sesselestragen*) WALDK. (ELZT.). – **2)** ‚Hühnersitzstange' 1977 BERGHAUPTEN, KLAUSMANN 152, 1977 FELDK., 1971 TIENGEN (FREIB.), 1979 WIEDEN. – Ahd. *sezzal*, mhd. *sëzzel.* – Weiteres → *Dreck 2d, Kübel 1*; vgl. *Altvater-, Korbsessel*; vgl. *Sedel 1a.c, Seidel.* – ALA II, 117; DWb. 10/1, 631; Els. 2, 376; Fischer 5, 1371. 6/2, 3108; Pfälz. 6, 80; Schweiz. 7, 1384; SDS VII, 178f.; Südhess. 5, 1002.

Sessel(e)-reite *sęsələ-, sęsəlirįdi* mancherorts Markgräflerland. – f.: ‚Kettenkarussell' WITZ 62. – Zum Grundwort s. → *I Reite 2.* – Vgl. *Karussell 1, Rittlerei, Rößlereite 1, Schese 1e, Schlenkermaschine.*

Sesseles-tragen *säsəli̯sdrägə* LÖRRACH. – n.: ‚Kinderspiel, bei dem zwei Kinder ein drittes auf ihren verflochtenen Händen tragen' 1939 LÖRRACH (s. a. u. → *tragen 1*), auch als *Engelestragen* (unter → *Engel 2b*) bezeichnet. – Schweiz. 14, 435.

Sessel-liesch „*Sesselliäscht*" WEISWEIL (EMM.); *sęsllivš* REUTE (EMM.). – m.: PflN ‚Waldhaar-, Zittergras-Segge, Carex brizoides', zum Auspolstern von Ruhesesseln u. ä. verwendet WEISWEIL (EMM.)/ZFDMU. 1913, 321, eb./MITTEIL. 1915, 369. – Zum Grundwort s. → *Liesch 1.* – Vgl. *Seegras.* – H. Marzell Wb. 1, 834.

seß-haft *sęshafd* HANDSCH.; *sę̄shafd* GENGENB.; *sǫshafd* REUTE (EMM.). – Adj.: ‚wohnhaft, ansässig' LENZ WB 65b, KILIAN 16; 1341 *uf swelem gůt si sessehaft werdent* TENNENB. GÜTERB. 191; 1364 *swer hie sessehaft ist und iemans burg wirt* ÜBERL. STADTR. 17; 1368 *in der stette einen ziehen und da inne sessehaft bliben* NEUENB. STADTR. 33; *die wile er hinder úns sessehaft ist* eb.; 15. Jh. *alle vier sehshafft zů Maltertingen* TENNENB. GÜTERB. 278; Anfang 16. Jh. *und in den nechsten fünf jare hie nit mer seßhaft werden* ÜBERL. STADTR. 226. – Mhd. *sëzhaft* ‚seinen Wohnsitz habend', zu ahd./mhd. *sëz* ‚Sitz, Wohnsitz'. – Weiteres → *Ort 5b*; vgl. *anheim(i)sch 1, haushäblich.* – DWb. 10/1, 638 (*seszhaft*); Fischer 5, 1371; Pfälz. 6, 80; Schweiz. 7, 1386.

† **Seß-hof** m.: ‚Wohnhof (?)'; 1327 *ein seshof lit vor der vrowen hof von Guntarstal* MENGEN/ADELH. URB. 107. – Zu ahd./mhd. *sëz* (n./m.) ‚Sitz, Wohnsitz'.

Sester *sesdər* WERTHM; *sesdr* WERB.; *sęsdər* TAUBERBISCH.; *sęšdv* HANDSCH., ROHRB. (EPP.), ZAISENHSN; *sešdv* RAPP., HOCHSTET. (LINK.), MÖRSCH, PLITTERSD., UNZH.; *sęšdər* HARDHM, O.SCHEFFL., LEGELSH., FRIESENHM, HOCHD., O.UHLDGN; *sešdər* MUDAU, NEUBURGW., RHEINBISCH., verbr. nördl. und mittlerer Schwarzwald und ob. Markgräflerland, WIEDEN, TODTNAUBG., LÖRRACH, HAUSEN I. W., SCHWÖRST., REMETSCHWIEL, SUNTHSN, NEUDGN, SINGEN A. H.; *sešdr* HETTGN, HONAU, AUENHM, ZELL-WEIERB., ALTENHM, KIPPENHEIMWLR; *sešdr* verbr. Rheinebene zw. Acher und Wiese, KAPPELWI., mancherorts Ortenau, FREIAMT, vereinzelt nördl. Baar, REUTE (EMM.), DENZLGN, verbr. Markgräflerland, O.RIED, TODTM., ROTZGN, O.EGGINGEN, BLUMBG, O.BALDGN, MÖHRGN, HAUSEN I. T., GUTENSTEIN, MÜHLGN; *sęšdər* OTTERSW., GÜNDLGN; *šešdr* BOMB.; *šešdər* ENDGN; *seštr* verbr. Baar, südl. Schwarzwald, Hotzenwald, Klettgau, BÜSGN, verbr. Hegau, SCHWENNGN, LEIBERTGN, ENGELSWIES, MESSK., vereinzelt Bodanrück; *seštər* LANGENSCH., VÖHRENB., U.BRÄND, MAMB., TODTM., vereinzelt Hotzenwald, GRIESSEN, GUTMADGN, MÖHRGN, mancherorts Hegau, Höri, Bodanrück; *sęštr* KAPPEL (VILL.), GERSB., KARSAU, SAULD., LIGGERSD., BONND. (ÜBERLGN), verbr. Linzgau; *sę̄štr* HÄUSERN, SCHWÖRST.; *se'šdər* TEGERNAU; *sęštər* INZLGN, HASEL, WEHR, ST. BLASIEN, LAUFENBURG, SIPPLGN, U.SIGGINGEN; *šęštr* STETTEN (WALDSH.); *seštə* RANDEGG, GAILGN, IZNANG, REICHENAU; *sę̄štər* DETTGN; Pl. wie Sg.; Dim.: *seštrḷį* PFAFFENWLR (VILL.). – n. in HETTGN, O.SCHEFFL., HANDSCH., RAPP., MÖRSCH, HONAU, GAISB., sonst m.: **1)** **a)** ‚altes Hohlmaß, überwiegend für Getreide (teilweise auch für Äpfel, Kartoffeln usw.)' PLATZ 297, 1988 HARDHM, HEILIG GR. 29, 1896 SCHLOSSAU/UMFR., SCHRAMBKE 119, HARTMANN 146, G. MÜLLER 24. 34, MENG

49, Braunstein Raa. 33, Heimburger 218, Schulze 31f., 1978 Schiltach, Schwer 31, Schmider KK 93. 119, Endgn, Pfrengle Harthm 85, Auggen, Beck 171, Glattes 31, St. Blasien, Schäuble Wehr 136, Sunthsn, Kirner 9. 39, Neudgn, W. Schreiber 25, O.schopfhm/ZfhdMu. 1, 318, Zaisenhsn/ZfdMu. 1907, 279; Angaben zur Maßrelation: 2 l 1975 Neuburgw.; 10 l (= 20 Pfund) G. Maier 157; 11 l 1919 Ringshm; 25 Pfund Joos 97; 15 l Werb., Roedder Vspr. 526a, Wagner 183, 1953 Kappelrodeck, 1935 Durb., 1962 Schenkenz., Schwendemann Ort. I, 123, 1992 O.bergen, Kramer Gutmadgn 272, Ellenbast 66; 16 l Mörsch, 1993 Riegel; 30 Pfundmaß 1967 Auenhm; 20 l Hettgn, Lenz Wb. 65b, Meis. Wb. 153a, Zell-Weierb., 1967 Altenhm, Fischerb./Schrambke Stellung 471, Hofstet., 1993 Riegel, Siegelau/Alem. 25, 62, Wahr 18, 1981 Bonn-d. (Überlgn); alt 15 l, neu 20 l 1971 Schwörst., Moos (Bühl), aber: 1 alter *S.* = 20 l, 1 neuer *S.* = 15 l St. Märgen/Schulheft 1968, 35; früher 25 l, heute 20 l 1968 Bottgn; kleiner *S.* = 10 l, großer *S.* = 20 l, 8 *S.* = 1 Malter Bohlsb./Ochs-Festschr. 260; großer *S.* = 25 l, kleiner *S.* = 20 l Bleib., 1971 Remetschwiel; 1568 *30 malter, 3 sester habern* Laudenb./Bad. Weist. 2, 184; 1610 *und an früchten 134 malter 1 sester korn* eb. 164; 1616 *von einem ganzen oder halben sester* Neuenb. Stadtr. 112; *von jedem sester mehl* eb. 115; *Die miller sollen von der statt gefächt ein sester haben, damit sie ihren lohn nemen, der kleiner ist dann der erin sester, und soll derselb sester gehufet sovil halten, als der erin gestrichen sester tuet* eb. 126; 1794 *1 Sester = 4 Vierling = Meeßlein* Broggingen; *fünf sester(n)* Roos 101; *hälb sešdər* ‚10 Liter' 1971 Schwörst.; *glęinə sešdr* ‚15 Liter' 1967 Altenhm; *dəplseštr* 1978 Bettmargn; *fruxdseš dr* 1980 Hausen i. T.; *è Seschdr Ebfl* (Äpfel) Fleig 134; *herdebflseš dr* 1977 Mengen, ähnlich: *2 Sester Erdäpfel* St. Märgen/Schulheft 1969, 95; *en dseə litr sešdr ənd en dswändsg lidr* ‚einen 10 l *S.* und einen 20 l *S.*' 1980 Gutenstein; *si het i kurze Fueß gha un nur ai Aug, no het si der Vatter uff e Seschter Kronedaler gschtellt* Ettenhm; „Liawer e Seschder Flöh hüede as dia Trabande", het d' erscht g'sait, wo sie bünd'lt het Ganther Stechp. 96; Ra.: *vom Sester kei Mäßle verstehe* ‚gar nichts verstehen' Gaisb./ZfdMu. 1918, 148, ähnlich Schwarzach, Marlen, Ganther Stechp. 13, Altenhm, Fessenb./Ochs-Festschr. 262, Markgr. 1993, 132; *un i verschtand vumv Seschtr kai Mässli* Reute (Emm.); *dər hed fum sešdr kai məsli frśdəndə* ‚der ist ein rechter Dummkopf' Kilian 16; zu einem, der als Lügner bekannt ist, sagt man: *sei jetzt still, i glaub dr vom Seschter kai Mäßli* Ochs-Festschr. 263; Reim unter → *Lenzkirch*; vgl. *Viertel 5bα, I Malter 1, I Maß 1bα, I Meß 2a, I Metze, Mutt, Scheffel 1, Simmere 1.* – **b)** ‚Gefäß, das einen → *Sester 1a* fasst', (rundes) Holzgefäß mit Eisenbeschlag und Mittelstrebe zum Tragen Moos (Bühl), Rheinbisch., Fohrer 179, 1968 Kippenhm, Schwendemann Ort. I, 123, Bottgn, St. Märgen/Schulheft 1968, 35, später umgenutzt zum Abraffeln der Maiskörner an der Mittelstrebe Pfrengle Harthm 64; vgl. *Viertel 5bβ, Scheidteller.* – **c)** ‚Flächenmaß für Ackerland' Rheinbisch., Fohrer 160, Friesenhm/WKW 36, Schulze 31f., Mahlbg, Klausmann Br. 19; Angaben zur Maßrelation: 9 Ar 1969 Kippenheimwlr, 1988 Fischerb., Rust, Schwendemann Ort. I, 184, 1968 Schweighsn; 4 *S.* = 1 Badischer Morgen 1931 Altenhm; 1/4 Morgen = 9 Ar = 100 Ruten = 1 *S.* Gegend um Offenb./Ochs-Festschr. 260; Der Inhalt (20 Liter) eines *S. 1b* musste nach Angabe einer Gewährsperson beim Säen für ein Stück Acker von 9 Ar ausreichen, daher wurde diese Fläche ein *S.* genannt 1968 Kippenhm, ähnlich 1919 Ringshm; *ən ix* (→ *Ich*) *sin fjər sešdər* 1919 Ringshm; vgl. *Tagwan 2a.b, Viertel 5a, Halbich, Jauch, Mannshauet, Morgen 2, I Rute 4b.* – **2) a)** übertr.: ‚großer, unförmiger Kopf' 1925 Werb., Humpert Mudau 208, G. Maier 157, Meng 119, 1935 Durb., Ochs-Festschr. 258, Schwendemann Ort. I, 1, Denzlgn, Auggen, Glattes 31, 1936 Blumbg, Zinsmeister 21, 1973 O.uhldgn; *dęa haedd ən sešdər* ‚der hat einen großen, dicken Kopf' Sunthsn; *si lòòt* (lässt) *widər irən sešdər usəm Fènschtèr usèlampè* (heraushängen) Ellenbast 66; Ra.: *y haa-n-en Chòpf wiè en Sèschter* ‚ich habe einen dicken Kopf' (z. B. nach übermäßigem Alkoholgenuss) Schäuble Wehr 136; *Er het e Chopf wie ne Sester* ‚Er hat einen Dickkopf, er ist halsstarrig' Markgr. 1993, 135, ähnlich 1922 Unzh., Braunstein Raa. 33, Hofstet., Staedele 12, Ellenbast 66, 1895 Konst.; auch ein viel wissender Mensch hat *en Kobf wiè en Seschdr* Fleig 134; vgl. *Kopf 2a, Simmere 2.* – **b)** pars pro toto: Übername für einen Menschen mit großem Kopf 1978 Schiltach. – **3)** ‚Rausch, zu großes Maß Alkohol'; *ən seštər hā* ‚schwer betrunken sein' Kirner 232; vgl. *Rausch, Seife 2.* – **4)** Hausname Freib., Weberstraße 17; 1460 *hus zum sester* K. Schmidt Hausn. 125. – **5)** FN, Raum Oberkirch Klausmann FN 99. – **6)** Pl.: Neck-, Übername für die Bewohner von Ichenheim 1976 Altenhm. – Mhd. *sëhster, sëster*, entl. aus lat. *sextārius* ‚sechster Teil des römischen Hohlmaßes *congius*'. – Weiteres → *allein 2, aufhaufen, drucken 1a, tun 1bβ, I Dutte 2, I ein 3b, verstehen 1bα, gehauft, Kopf 2a, I Meß 2a, Nuß 1a, recht 1a, Sack 1a, Schwarzbeck, Siebenmonatskind.* – DWb. 10/1, 635; Els. 2, 377; Fischer 5, 1371; Pfälz. 6, 80; Schweiz. 7, 1412; SDS VII, 54. 58f.; Südhess. 5, 944 (*Sechter*); WKW 36.

sett ‚da, dort' → *selt 1*.
sett- s. u. → *selt-*.
Sette ‚Brocken' → *Sätte(r)*.
Setz-ber(n)e(n) *sedsbęrnə(d)* Grauelsbaum, Neumühl; *sedsbęrnə* Freistett, Leutesm, Auenhm; *sedsbarnə* Auenhm; *sedsbarə* Jechtgn; *sedsbęrə* Sexau. – m.: ‚quadratisches Senknetz, Handsenke' (im Unterschied z. B. zur sackförmigen Netzgattung → *Kescher*), Fischerspr. Fluck 239, J. Vetter 12. – Zum Grundwort s. → *Bere 1*. – Vgl. *Handbere, Hüle(n)ber(n)e(rt), Sackbernen, -hamen, Setzhamen.* – DWb. 10/1, 642 (*Setzbär*); Els. 2, 78; Schweiz. 4, 1457.
Setz-bohnen *sédsbūnə* Gengenb. – Pl.: ‚zur Aussaat bestimmte Bohnen (→ *Bohne 1a*)'; *dərlai sédsbūnə rü(s)suęxə* ‚solche Setzbohnen heraussuchen' 1932 Gengenb. – Zu → *setzen B3a* ‚pflanzen'. – Südhess. 5, 1002.
Setze *seds* Zell-Weierb.; *sétsi* Aasen. – f.: **1)** ‚Küferhammer, mit dem die Eisenreifen, die Holzgefäße zusammenhalten, durch Klopfen angezogen werden' Wiesloch, Kreutz 88. – **2)** FlN Aasen, Mühlhsn (Sing.), Heinstet. Das Benennungsmotiv kann bei den FlN sehr unterschiedlich sein: Geländeform: ‚tiefe, kesselartige Einsenkung' 1895 Heinstet.; Gelände, auf dem etwas gepflanzt wurde: ‚Äcker, Tannenwald'; *uf də hōə sétsi* Fehrle Flurn. 7; sonstige Eigenschaft des Geländes: ‚Gegend, in der sich das Weidevieh niederlässt'; 1461 *by der Setze* W. Schreiber Zw. 530; 1505 *uff der setzi* eb.; 1712 *ihn der setze* eb., (s. hierzu auch → *Gust-, Rindersetze*). – **3)** ‚Anpflanzung, Pferch (für Schweine)', in der Zusammens. *Eichelsetz* Wibel Mu. I, 126; vgl. Schweiz. 7, 1719. – Zu mhd. *setze* ‚was gesetzt, aufgeladen wird; ein

mit Reben besetztes Grundstück von bestimmter Größe'. – Vgl. *Be-, Geigen-, Gust-, Meis(s)en-, Neu-, Rinder-, Sausetze*; zu Bed. 1 vgl. *Schlegel 1b, Setzhammer*; zu Bed. 3 vgl. *Pferch 1.* – DWb. 10/1, 642; Els. 2, 383 (*Setz*); Fischer 5, 1371. 6/2, 3109; Pfälz. 6, 82; Schweiz. 7, 1604. 1719; Südhess. 5, 1003.

Setze-acker m.: FlN Mühlhsn (Sing.); 1569 *uf hannsen Schorer seze Ackher* W. Schreiber Zw. 530. – Fischer 5, 1372 (unter *Setze*).

setzen schw. **A.** Formen. **1)** Inf.: *sedsə* Werthm, vereinzelt Bauland und Kurpfalz, Rapp., Rohrb. (Epp.), Mörsch, O.weier (Rast.), Rotenfels, Hörden, Sinzhm, Lichtenau, Neuw., Kappelwi., Ottersw., mancherorts Ortenau, Schiltach, verbr. Breisgau, Kaiserstuhl, Markgräflerland, Schönwald, Furtwangen, Mühlgn, Meersburg; *sədsə* Baden-B., Auenhm, Altenhm, Jechtgn; *sedsv* Reute (Emm.), Zienken; *sēdsə* Haugn; *sɛtsə* Inzlgn, Herten; *setsə* Gaiss, Eschb. (Waldsh.), Weilhm, vereinzelt Klettgau, Gutmadgn, Möhrgn, Büsgn, mancherorts Hegau, Höri, Linzgau, Reichenau, Konst. – **2)** Part.: *gsedsd* Hettgn, O.scheffl., Rapp., O.weier (Rast.), Sasbachwa., Etthm, Burkhm, Gütenb., Furtwangen, Wolfenwlr, Müllhm; *gsetst* Eschb. (Waldsh.), Randegg; *ksetst* Möhrgn; *gsedst* Konst. – **3)** Ind. Präs. **a)** 1. Sg.: *seds* Halberstung, Simonswald; *sets* Haltgn. – **b)** 2. Sg.: *sedš* O.gromb.; *sedsiš* Lörrach; *setš* Möhrgn. – **c)** 3. Sg.: *sedsd* Werthm, Könighm, Nussloch, Halberstung, Ihrgn; *setst* Saig, U.mettgn, Möhrgn. – **d)** 1. Pl.: *sedsə* Mondf., Schönbrunn, Assamst., Eichstet., Horben. – **e)** 2. Pl.: überwiegend wie 1. Pl. und 3. Pl., zur Formengeographie der Pluraltypen im Ind. Präs. vgl. SSA III/1.009. – **f)** 3. Pl.: *sedsə* Ladenburg, Neuenbürg, Au a. Rh., Kork, Schutterwald, Ihrgn, Adelhsn; *setsəd* Reichenau. – **4)** Imp. **a)** Sg.: *seds* Werthm, Ottersd., Kuppenhm, Hügelshm, Greffern, Lichtent., Neuw., verbr. Ortenau, Schenkenz., Ihrgn, Mengen; *sɛts* Schönenbg, Adelhsn; *sets* Haltgn, Herten, Urach, Klengen, Saig, Rötenb., Weilhm, Lienhm, Pfohren, Ewattgn, Stühlgn, Mauenhm, Büsgn, Orsgn, Liggergn, Markelfgn, Litzelstet. – **b)** Pl.: *setsəd* Reichenau. – **B.** Gebrauch. **1)** refl. **a)** ‚sich niederlassen, Platz nehmen' Platz 297, Meis. Wb. 153a, 1976 Ottersd., 1976 Kuppenhm, 1975 Hügelshm, 1975 Greffern, 1977 Schenkenz., Reute (Emm.), Brunner 248, 1980 Schönenbg, 1976 Adelhsn, 1979 Herten, 1955 Öflgn, 1981 Urach, 1982 Klengen, 1977 Rötenb., 1977 Mauenhm, 1976 Büsgn, 1976 Liggergn, 1975 Markelfgn; *sɛχ sədsə* Meng 128; *sets diχ* ‚nimm Platz' 1978 Haltgn; *seds diχ nōə* 1977 Neuw., ähnlich Lichtent.; *seds di hī* 1978 Ihrgn; *seds diχ do hī* 1977 Mengen; *sets tī hɛrə* 1980 Saig, ähnlich Ewattgn, Stühlgn, Weilhm, Lienhm; *sets di ɛnī* 1975 Orsgn, ähnlich Litzelstet.; *seds di dsuə mər* 1980 Seelb.; *ų̌n na hawiχ miχ uf ən balgə gsedsd* 1955 Weiler (Pforzh.); *ų̌n nō had ēr siχ uf s rād gsedsd* 1955 Zell-Weierb.; *dēr kólonəl het siχ uf d χišdə setsə mīəse* ‚der Colonel musste sich auf die Kiste setzen' 1977 Müllhm; *bis sie sich endlig zue üs g'setzt het* Ganther Stechp. 58; *wo ... d'r dick Bärewirt ... sich uf e Viard'lstündli zuem uf d' Bank g'setzt het* eb. 138; *do het 'r sich uf d' ander Sitt vum Herrigottswink'l g'setzt* eb. 51; *un setzt si richtig zuem Grüenrock* Hebel 6, 79; *Jetz gang i uf Grootwohl / zue der nächste Türen ii un setz mi, wo Platz isch* eb. 62/II, 26; *Meiñ Zeidung in der Hand, im Maul die Peif, / So will ich naus mich setze* Nadler 60; *er soll sich an de Flüchel setze* eb. 125; *Uf eeñmol setzt sich Alles um mich her* eb. 70; *Ich sattle mir mein Pferd, / Setz mich auf meinen Mantelsack / Und reite weit umher* eb. 123. Übertr. in Raa.: *sisch gut sezze* ‚gut verheiraten' Litterer 309; *dī hēn siχ ins gmaχdə nēšd gsedsd* ‚sie haben von der Vorarbeit anderer profitiert' 1981 Vöhrenb.; *siχ (dahaim) uf də hindərə sedsə* ‚sich anstrengen, fleißig lernen' 1972 Schutterwald; vgl. *ab-, anesitzen, I verplatzen, hinanhocken, -sitzen, hocken 2, II kauchen, sitzen.* – **b)** ‚absinken, sich am Boden (z. B. eines Gefäßes) absetzen' bes. von Flüssigkeiten (u. a. bei Trübungen), aber auch beispielsweise vom Zusammensinken von Stroh oder Erde u. a. gesagt 1955 Ladenburg, Burkart 219; 1819 *laß es alsgemach sieden, bis sich die Margretli alle zu Boden setzen* Arzneybuch Bierbr. 6; *wēn dēr wēī̃* (Wein) *siχ sedsd* 1972 Könighm; *də uffbriəhjət Kaffee moss sech setzə* Kramer Gutmadgn 272; *hot si dər khafē nō nət gsedst?* Roedder Vspr. 526b; *So hät si dr Súser* (→ *Sauser*) *nät klärt, d Häf hät si gsezt* ‚so hat sich der neue Wein schön geklärt, die Hefe hat sich gesetzt' O. Fwglr 7; vgl. *gesetzen 1.* – **c)** ‚kleiner werden, nachlassen'; *d gšwulšt* (Geschwulst) *hat si gstst* O.weier (Rast.)/ZfdMu. 1916, 283; vgl. *schrumpfen.* – **2) a)** ‚jemanden, etwas an eine bestimmte Stelle bringen, platzieren' Platz 297; 1819 *und setze es in einem glasierten Hafen auf eine glühende Glut* Arzneybuch Bierbr. 6; *i hab s glāī uf də šdūl gsedst* Roedder Vspr. 526b; *Jetz lueg me, wie's sy Füeßli setzt / un spinne will un d' Finger netzt!* Hebel 31, 11; *langt si großi Brill ... un setzt sie uf d' Nas'* Ganther Stechp. 105; *fiš in see setsə* Meis. Wb. 153a; Schüler werden von Zeit zu Zeit *gsedsd*, d. h. sie erhalten die Plätze in der Reihenfolge der Leistungen 1896 Etthm; *dr lērər hat mi ledšdər gsetzt* O.weier (Rast.)/ZfdMu. 1916, 283; ähnlich: *wo mer gsezt wore sin, bini dr dritobersht wore* O. Fwgler 70; Warnung an unartige Kinder: *wēn nīd brāf bīš na seds i dī uf d heχlə* (s. → *Hechel 1. 2)* 1971 Simonswald; vgl. *legen B1c, stellen.* – **b)** Übertr. in präpositionalen Wendungen: 1736 *er ist völlig aus der Nahrung gesetzt* ‚durch außergewöhnliche Umstände arm oder mittellos geworden' Durlach; *Dy Vater setzt di ufs Pflichttail, / un de hesch my Sege nit, un schuldig bisch du dra* Hebel 39, 128; *Un was die Welt in Feuer setzt / Un bis zu Thräne rührt* Nadler 148; *Mir setze noch ganz korzer Üwwerlegung / In corpore uns also in Bewegung* eb. 79; *Z'letscht, wo sie des G'sueech un G'frog satt g'ha het, do het sie d' Bolezei in Kalopp g'setzt* Ganther Stechp. 11; *i hab mər s əmōl nain khobf gsedst* ‚ich habe es mir nun einmal fest vorgenommen' Roedder Vspr. 526b; *wēn iχ tswaī χiη uf d welt sets* ‚wenn ich zwei Kinder zeuge bzw. gebäre' 1978 Haltgn; *sogar zwäi Buewe* (Jungen) *hani in d Wäld gsezd* Gütenb.; *s hed mi uf də hindərə gsedsd* ‚ich bin gestürzt' 1976 Berghaupten. – **3) a)** ‚einpflanzen' Heilig Gr. 26, Roedder Vspr. 526b, Mangold 23, Lenz Wb. 65b, Frei 26, Liébray 275, Schrambke 112, Burkart 219, 1978 Schiltach, Wahr 17, Klausmann 36. 74. 149, Klausmann Br. 13, Kleiber Burkhm 24, Glattes 13, Beck 107. 137, W. Rothmund 31, Kirner 94. 197, Joos 71; *ən Bom setzə* ‚einen Baum pflanzen' Kramer Gutmadgn 272; *Riəbə setzə* ‚Futterrüben pflanzen' eb.; *Kruut setzə* ‚Krautsetzlinge pflanzen' eb., ähnlich Meis. Wb. 153a; *rēblī̌ sedsə* ‚einen Rebberg neu mit Reben bepflanzen' Krückels 123; *hegrlə sedsə* ‚Spinat pflanzen' (vgl. → *Häckerlekraut*) 1956 Ortenbg; *tsiwl, khartoflə setsə* Heidelbg; *grumbīrv setsə* O.weier (Rast.)/ZfdMu. 1916, 283, ähnl. Meng 252; *tuwák setsə* ‚Tabak pflanzen' Meis. Wb. 153a, ähnl. Schwendemann Ort I, 127; *gi setzə gau* ‚das Krautfeld bestellen' Kramer Gutmadgn 272; *sezə mid d'r Hau*

(→ *Haue 1*) *od'r mìd'm aifachə Bfluèg* (Pflug) eb. 124; Bauernregel: *a fīt mūə mə gsedst ha, sunšt gīt s khǫn khabəs* ‚an Veit (15. Juni) muß man gesetzt haben, sonst gibt es keinen Kohl' Joos 301; Sprichw.: *Gsetzt isch nit gsäit un gschnidde isch nit gmäit* ‚jede Feldarbeit hat ihr Besonderes' GLOCK BREISG. 22; vgl. *anbauen 2, einbauen 1, pflanzen 1, stecken, stupfen.* – **b)** ‚Geflügel zum Brüten auf ein Nest platzieren'; *ə hū setsə* ‚ein Huhn auf Eier / ein Nest setzen, um es brüten zu lassen' O.WEIER (RAST.)/ZFDMU. 1916, 283, ähnlich 1948 KÖNIGSCHAFFHSN und *q breädigs Huèn sezə* SCHWENDEMANN ORT. 3, 101 sowie: *ə glug sedsə* HETTGN (vgl. dazu → *Glucke 1*). – **c)** ‚(in einer bestimmten Form) schichten, stapeln'; 1622 *ain wagen voll Straw gesezt* STOCKACH; *...wo si de Mischdhufe fehrig gsetzt gha hen* ST. MÄRGEN/Schulheft 1968, 31. – **d)** ‚etwas aufstellen, montieren, anbringen, installieren'; *grents-šdāi setsə* ‚Grenzsteine platzieren' O.WEIER (RAST.)/ZFDMU. 1916, 283; *wasrūrə sedsə* ‚Wasseruhren anbringen/installieren' 1955 KORK; *də wīsbōm sedsə* ‚den → *Wiesbaum* montieren' 1978 SCHILTACH; *wen sī* (die Fischer) *...šdayə setsəd* 1976 REICHENAU; *d' Büchse gspannt un d' Säbel gwetzt / un Freihaitsbäum vor d' Chilche gsetzt?* HEBEL 23, 15. – **e)** ‚etwas irgendwohin schreiben'; *Setz unnedrañ 's Facsimile vun deiner Hand* NADLER 151; *setze jetz noch vi d' Wörder üwwer dia fünf Diare* GANTHER STECHP. 78. – **f)** ‚einen Schriftsatz von etwas herstellen'; *Verdient der nicht ins Blatt gesetzt zu sein?* O.EGGENEN/ALEM. 42, 124. – **g)** ‚auf etwas wetten, einen Wett- oder Lotterieeinsatz bezahlen' (oft mit Präpositionalobjekt) JUNG BRÄGEL 10; *wemv gsedsd hod uf graidsəs* ‚wenn man darauf gewettet hat, dass Kreuzass gewinnt (beim Glücksrad)' 1976 ST. ILGEN (HEIDELB.); *Wia widder amenorts Lodderie isch, wurd uf 818 g'setzt* GANTHER STECHP. 98; *Doch will ich jetz aach aans setze, / Ob's nit mir was Gscheidters bschert* NADLER 43; Ra.: *(sī fvmēgə) ufs šbīl setsə* ‚(sein Vermögen) riskieren' O.WEIER (RAST.)/ZFDMU. 1916, 283. – † **h)** ‚ein Gut zum Heil der Seele vermachen'; 15. Jh. *Item zu dem ersten so hat geseczt Sigburg fur sich und Meier seligen und Spanreiteln seligen ein juch ackers* STEINMAUERN SEELBUCH/FREIB. DIÖZ. ARCH. 2001, Nr. 2. – **i)** ‚eine bestimmte Anordnung treffen, etwas festlegen, bestimmen, auch in Bezug auf ein Amt, eine Position'; 1371 *Wir haben ouch gesetzet: Wer...* VILL. STADTR. 31f.; 1403 *wir... meinen, setzen und wollen, das dieselben brief...* NEUENB. STADTR. 44; 1415 *dieselbe Herschafte ...setzen und entsetzen* ALEM. 43, 176; 1429 *in derselben stat und in iren zůgehorungen, gebieten und etter in allen sachen, setzen und ordinieren mogen* ÜBERL. STADTR. 120; 1616 *Wann dann nun dise acht rät gesetzt sind,...* NEUENB. STADTR. 107; *Wie ein rat einen schultheißen setzen und ordnen soll* eb. 109; 1620 *...ain anderer gesetzt werden* STOCKACH; 1622 *wann man andere Vogt seze* eb.; *eine Gemeinde bekommt nach dreimal vergeblichem Wahlgang einen Bürgermeister gesetzt* (= vom Staat ernannt) 1921 ETTHM; vgl. *bescheiden 1, verordnen, schöpfen 2b.* – **j)** in festen Wendungen: *des Mädle aber hat seitdem seinen Kopf gesetzt* ‚das Mädchen ist bzw. handelt eigensinnig' REICH WANDERBL. 138; *Also, ich setz den Fall, du bist auch sauber* ‚ich nehme an...' NADLER 135; *den hewə š gsedst* ‚den haben sie ins Gefängnis gesteckt' ROEDDER VSPR. 526b. – **4)** intrans. **a)** ‚springen, einen → *Satz 5a* (über etwas) machen' ROEDDER VSPR. 526b, SINZHM, BADEN-B.; vgl. *gumpen 1, hopfen, satzen.* – **b)** ‚das Netz ins Wasser bringen' Fischerspr. HAGNAU; 1681 *[ein Fischer soll] in keinem rinnenden waßer setzen oder ziehen, es seie zu berg oder tal* NEUENB. STADTR. 141; *Wan aber ein widgärner in die waßer setzen will... wan ein anderer nachkombt, der mag wohl unden an ihme setzen... Wan er aber oben an ihme setzen tuet...* eb. 140; neckende Grußformel der Fischer bei der Begegnung auf dem Wasser: *setsəd nə au it hindər d šwents* ‚setzt ihnen auch nicht hinter die Schwänze' MÖKING 85. – **5)** unpersönl. mit *es* ‚es gibt, ereignet sich', z. B. von Witterungserscheinungen; *au häwes no schpot e bár sakerischi Rife gsetzt* ‚auch habe es noch spät (d. h. im Frühjahr) einige Male starken Frost (→ *II Reif 1b*) gegeben' O. FWGLR 26; Ra.: *es setzt etwas* ‚es gibt Prügel, Schläge' ROMEO HYPOCH. 50; *sonscht duht's bei Gott was setze* eb. – Ahd. *sezzan, sezzen,* mhd. *setzen* mit Ausgangsbedeutung ‚sitzen machen', jedoch auch allg. ‚setzen, stellen, legen' und diverse von der Ausgangsbedeutung abgeleitete weitere Bedeutungen. – Weiteres (in Auswahl) → *abnehmen 3a, abzackern, acheln, Affenbank, also 1, Annonce, Bletz 1a, Blust 2, Pickesel, Tod 1, Esel 1a, Veit 1, Fleck 1a, heiß, hinum, Holz 3, Hüfte 1, Hutzelbrüh(e) 1, Imme 1a, Kabis 1a, Kram 1, Kopf 2b. 3a, I lachen 1a, Lachenstein, II Lack, Landfläche, Laus 1, leiblich 1b, Lichtstock, Liebespaar, Luft 1, Maßkrug, Mauskegel, Mesner 1, I Minne, Mittel 1, nebenhintere, Nessel 1, Nest 1, niemand 1, Oberstock 1b, offen 2b, Ohr 1, Ordnung 1, Pflanze 1, Rad 1e, Rebe 1, Rechtstag, I Reihe 1, Rente 2, Ring 4, roden 1, II Rost 1, Salbe 1, Samen 3a, Satzung, Sauser, Schiff 1a, Schmitz, Schneider 1a, Schranke 1, Schuldiener 1, Setzholz 1, Seeweck, II sein B1, Seite 2a, Spiel;* vgl. *ab-, an-, auf-, aus-, be-, darauf-, durch-, ein-, ent-, er-, ver-, vert-, vor-, ge-, herab-, heraus-, herunter-, hinan-, hinein-, hinter-, nach-, über-, um-, zu-, zurecht-, zurück-, zusammensetzen.* – DWb. 10/1, 643; Els. 2, 382; Fischer 5, 1372. 6/2, 3109; Pfälz. 6, 82; Schweiz. 7, 1604; SDS VI, 204; Südhess. 5, 1003; SUF VI, 9. 73.

Setzer *sedsər* O.SCHEFFL., LÖRRACH; *sedsv* WIESLOCH; *sedsr* ALTENHM; *setsər* REICHENAU. – m.: **1)** Personen. **a)** ‚jem., der Pflanzen setzt' ROEDDER VSPR. 526b; vgl. *Pflanzer 1.* – **b)** ‚Fischer, der sich an dem kastenförmigen Behälter in der Mitte des Bootes befindet und das Netz aussetzt', Fischerspr.; *dẹə a də drukə oder der setsər* ‚der an der → *Trucke 1b* oder der *S.*' MÖKING 30; vgl. *Garner, II Reiber 2.* – **c)** ‚Handwerker, der aus einem Manuskript, z. B. mithilfe von Blei- oder Lichtsatz, eine Druckvorlage erarbeitet, Schriftsetzer' BECK 166. – **d)** ‚Arbeiter, der das Erz auf dem Hochofen einsetzt, Erz- und Kohlenschütter'; *un schlooft bym Setzer uffem Erz – / schloof wohl, un tröst der Gott dy Herz!* HEBEL 4, 75. – **2)** Sachen, Pflanzen. **a)** ‚(hölzerner) Keil, der zum Pflanzen (von z. B. Salat) benutzt wird' ALTENHM/FOHRER 194; vgl. *Setzholz 1, -nagel.* – **b)** ‚massives Breiteisen mit spitzwinkliger Schneide', Steinmetzspr. 1955 FREIB; vgl. *Scharrier-, Schlageisen.* – **c)** „durch Setzen erzielter Rebstock" BALLRECHTEN. – **3)** ‚Sprung, → *Satz 5a*' WIESLOCH/T. RAUPP 132; vgl. *Gump, Hopser 1, Hupfer 1.* – Mhd. *setzer* ‚Aufsteller, Setzer'. – Vgl. *Auf-, Be-, Böhnle-, Ver-, Holz-, Ofen-, Stein-, Untersetzer.* – DWb. 10/1, 688; Els. 2, 384; Fischer 5, 1377. 6/2, 3109; Pfälz. 6, 84; Schweiz. 7, 1718; SDS VI, 205; Südhess. 5, 1006.

Setzerin *sedsər(i)n* O.SCHEFFL. – f.: ‚weibl. Person, die etwas vom Pflanzensetzen versteht'; *dī iš sunšt dsu gār nigš nids, ęwər si iš di ęršt sedsərn* ‚sie ist zu sonst gar nichts nütz, aber sie ist die erste Setzerin' ROEDDER VSPR. 526b. – Femininum zu *Setzer 1a.* – DWb. 10/1, 689 (andere Bed.).

Setzete *sedsədə* KENZGN. – f.: ‚Gesamtheit der einzupflanzenden Setzlinge (→ *Setzling 1a*)' KENZGN/ZFHDMU. 3, 93. – Vgl. *Grundbirnensetzet.* – Fischer 6/2, 3110 (*Setzet,* andere Bed.); Pfälz. 6, 84 (*Setzet,* andere Bed.).

Setz-feld n.: ‚Krautfeld, das in der Ackerflur abgesteckt wird', im *S.* wurde der Bedarf an Kraut gezogen, daneben aber auch anderes Gemüse Kramer Gutmadgn 272.

Setz-fische Pl.: ‚junge, zum Wachsen in ein Gewässer ausgesetzte Fische (zur Bestandssicherung oder zum Wiederaufbau eines Fischbestandes)'; 1567/68 *Dem Comtur auf der Mainau um 2500 Sezfische* Heiligenbg/VfGBaar 1900, 17. – Fischer 5, 1377. 6/2, 3110; Schweiz. 1, 1103.

Setz-graben m.: FlN Neuhsn (Engen); 1588 *im Dorff, im sezgraben* W. Schreiber Zw. 573. – Südhess. 5, 1007.

Setz-grundbirne *sedsgrombī'r* Rotenfels. – f.: ‚Saatkartoffel' Heberling 12. – Zum Grundwort s. → *Grundbirne 1.* – Vgl. *Saatgrundbirne, -kartoffel, Setzherdäpfel.* – Pfälz. 6, 84; Südhess. 5, 1007.

Setz-hamen „*Setzhaame(n)*" Neuenhm. – m.: ‚viereckiges Senknetz', Fischerspr. Neuenhm/ZfdW. 6, 74. – Zum Grundwort s. → *I Hamen 1.* – Vgl. *Setzber(n)e(n).* – DWb. 10/1, 690; Fischer 5, 1377; Pfälz. 6, 84.

Setz-hammer *sędshåmr* Auenhm; *sedshąmər* Zell-Weierb. – m.: ‚Küferhammer, → *Setze 1*' Meng 181, Kreutz 88. – DWb. 10/1, 690; Fischer 5, 1377; SDS II, 189; Südhess. 5, 1007.

Setz-henne *sedshęn* Zell a. H. – f.: ‚brütendes Huhn' Schmider KK 93. 123. – Zu → *setzen 3b.* – Vgl. *Bruthenn(e), Brüthuhn, Glucke 1.*

Setz herdäpfel *sedshęrdebfl* Münchw. – Pl.: ‚Pflanzkartoffeln für das nächste Jahr' Schwendemann Ort. 1, 124f.; *sėl wird de Winter dedur lige lau, im Früajor rumghaket, glocheret* (s. → *lochern*), *d Sezhärdepfel igleigt … un dro verebnet* O. Fwglr 54. – Zum Grundwort s. → *Herdäpfel 1.* – Vgl. *Samenherdäpfel, Setzgrundbirne.* – SDS VI, 205.

Setz-holz *sędshols* Auenhm, Altenhm; „*Sezholz*" Münchw. – n.: 1) a) ‚spitzer Holzstab, mit dem Löcher für Pflanzensetzlinge gestochen werden, Pflanzholz' Meng 265, Schwendemann Ort. 1, 166, 1947 Freib.; *setzρ duvt mr mit äm Schtecker oder Setzholz* Reute (Emm.); vgl. *Setzer 2a.* – b) ‚kleiner Pflanzenschoß, der als → *Setzling 1a* verwendet wird' Fohrer 188. – 2) ‚senkrechter Stab, an den die kleinen oberen Flügel eines Fensters anschlagen', Glaserspr. 1947 Freib. – DWb. 10/1, 90; Els. 1, 332; Fischer 5, 1377; Pfälz. 6, 85; Schweiz. 2, 1259; SDS VI, 209; Südhess. 5, 1007.

Setzi → *Setze.*

Setz-klicker m.: ‚eine kleinere oder weniger schöne Kugel im Schnellkugelspiel, die zum Aussetzen, nicht aber zum Werfen verwendet wird' Mannhm. – Zum Grundwort s. → *Klicker 1*, zum Spiel s. → *Kugel 1.* – Vgl. *Schmeißklicker, Schnäpperkügele.* – Pfälz. 6, 85; Südhess. 5, 1008.

Setz-közle „*Sedzkäizl*" Schrieshm. – n.: ‚kleines Körbchen für Tabak- oder Rübenpflanzen', beim Setzen/Einpflanzen schoben die Frauen das *S.* auf den Knien rutschend vor sich her Herwig-Schuhmann 113. – Das Grundwort ist Dim. zu → *Köze 1.* – Pfälz. 5, 85 (*Setzkorb*).

Setz-latte *sedsladə* O.scheffl.; *sedslad* Oftershm, O.-weier (Rast.). – f.: ‚breites, längliches, flaches Holzstück, das als Unterlage für die Wasserwaage (→ *Setzwaage*) der Maurer dient' Roedder Vspr. 526b, Liébray 275, O.weier (Rast.)/ ZfdMu. 1916, 283; *1 Betonstößer …, Steinbohrer, Setzlatten, Rohrschlüssel* Staufen (Breisg.)/Freib. Zeit. 18.4.1919. – Vgl. *Meßlatte 1.* – DWb. 10/1, 691; Fischer 5, 1377; Pfälz. 6, 85; Schweiz. 3, 1482; Südhess. 5, 1008.

Setzle nur in → *Keidsetzle.*

Setzling *sędsliŋ* verbr. Kurpfalz, Hettgn, O.scheffl., Rapp., Mörsch, Konst.; *sedsliŋ* Oftershm, Herbolzhm (Bleich), O.winden, Simonswald; *sedsli* Ottersd., Kappelwi., Bodersw., Appenw., Schutterwald, Hofw.; *sędsli* Rheinbisch., Auenhm, Altenhm; *sędslig*

Kippenheimwlr, Istein; *sedslig* Rust, Reute (Emm.), Lörrach; *sedslig* Etthm, St. Georgen (Freib.), mancherorts ob. Markgräflerland; „*Setzlich*" Münchw.; *sętslig* Wehr; *setslig* Gaiss, Lienhm; *setsleŋ* Möhrgn; Pl.: *sedslin* verbr. Kurpfalz, sonst wie Sg. – m.: 1) a) ‚Jungpflanze mit Wurzeln zum Einpflanzen' Hettgn, Roedder Vspr. 526b, Liébray 275, Meis. Wb. 153a, Ruf 42, Burkart 139, Meng 264, G. Maier 157, Fohrer 196, Braunstein 58, Bayer 62, 1912 Etthm, Schwendemann Ort. 2, 35, Metrich 110, Glattes 40, A. Sütterlin Wb. 34b, Beck 127, Schäuble Wehr 136, Kirner 183. 511, Joos 71, Rheinbisch./ZfdMu. 1912, 353, Bodersw./eb. 1917, 160, WKW 54; *sedsli sedsə* 1979 Ödsb.; *d sedsliŋ śbrịdsə* ‚die Jungpflanzen begießen' 1968 O.-winden; *dsalôôdseddslin* ‚Salatsetzlinge' Frei Schbr. 148; *pickivrə* (vereinzelt einpflanzen) *duat mr die klaiṇv Setzlig* Reute (Emm.); *O lueg, vertritt mer myni Setzlig nit!* Hebel 40, 25; vgl. *Pflanze 1, Keid 2, Schlenz 2, Steckling.* – b) ‚Runkelrübe' Wölchgn, Neunstet./Württ. Franken 55 (1971) Kt. 2. – 2) a) ‚kleiner Kerl, Schüler der Sexta', scherzh. Joos 71; *wa isch mit dir du Sętzịg!* Schäuble Wehr 136; vgl. *Griebs 3, Knäckes, Knirps 1, Knoter 3, I Reck 1.* – b) ‚Anfänger, Lehrling' Frei Schbr. 148; vgl. *Geselle 1c, Lehrbube 1a.* – c) ‚Lehramtsreferendar', Pennälerspr. 1934 Freib. – d) ‚starker Mensch' Bodersw./ZfdMu. 1917, 160. – Mhd. *setzelinc.* – Weiteres → *Bankerott, kommen BI1b*ζ; vgl. *Pfaffen-, Tabak-, Haber-, Kabis-, Kraut-, Menschen-, Reben-, Rübensetzling.* – DWb. 10/1, 691; Els. 2, 383; Fischer 5, 1377. 6/2, 3110; Pfälz. 6, 85; Schweiz. 7, 1720; SDS VI, 205 (*Setzlig*); Südhess. 5, 1008.

Setz-mättlein n.: FlN Freib.; 1495 *auf dem setzmätlin* Bad. Flurn. I, 3, 230. – Das Grundwort ist Dim. zu → *I Matte.*

Setz-nagel *sedsnạɣl* O.scheffl. – m.: ‚rundes, an den Enden verjüngtes Holzstück, mit dem Löcher für Pflanzensetzlinge gestochen werden' Roedder Vspr. 526. – Vgl. *Setzer 2a.* – DWb. 10/1, 693.

Setz-ölsamen Pl.: PflN; ‚Kohlreps, Raps, Brassica napus var. oleifera', zur Ölgewinnung aus den Samen angebaut Mitteil. 1915, 377, Pritzel-Jessen[2] 62b. – Vgl. *Lewat 1a, Schnittkohl.* – DWb. 10/1, 693, H. Marzell Wb. 1, 637.

Setz-pflug *setspflüəg* Möhrgn. – m.: ‚Beetpflug mit feststehendem Streichbrett und konkaver → *I Schar 1*', früher wurde damit ein besonders schwer zu bearbeitender Acker von der Mitte ausgehend ringsum gepflügt, daher in Nachbarmundarten auch als „*Ringsumpflug*" bezeichnet Kirner 404. – Fischer 6/2, 3110.

Setz-rübe „*Setzruvbv*" Reute (Emm.). – f.: PflN; ‚Steckrübe, Brassica napus var. napobrassica' Reute (Emm.).

Setz-schiffer *sédsśịfvr* Eberb. – m.: ‚ein nicht auf seinem eigenen Boot fahrender → *Schiffer 1a*'; *r hodn sedsśịfvr gənųma* ‚er hat einen gegen Lohn fahrenden Schiffer eingestellt' 1949 Eberb. – DWb. 10/1, 694.

Setz-schnur *sedsśnūv* Handsch.; *sedsśnuər* Münchw. – f.: ‚an Grenzsteinen oder Pfählen befestigte → *Schnur 1a* zum Abstecken gerader Linien für das Pflanzen auf dem Feld' Lenz Wb. 63a, Schwendemann Ort. 1, 117. 166. – DWb. 10/1, 694; Fischer 5, 1378; Schweiz. 9, 1308.

Setz-stein *sedsśdọi* mancherorts Kraichgau; *sedsśdän* Sandhsn; *sedsśdā* Sandhsn, Mönchz.; *sedsśdāi* Östrgn; *sedsśdọi* Graben, Hochstet. (Link.); *sedsśdọi* Hochstet. (Link.); *sedsśdāi* Rohrb. (Epp.); *sedsśdǭi* Blankenloch; *sedsśdai* Hugsw.; *sedsśdäi* Holzhsn (Emm.). – m.:

‚zur Markierung von Grundstücks- oder Gemarkungsgrenzen platzierter Stein' Pülfrgn, Bretzgn, Lehr Kurpf.² 136, Reichert 21, Wagner 183, Humburger 186, C. Krieger Kraich. 33; *Wänn dä Sedzschdââi rausgezaggädd waa unn fäschwunnä isch, dänn isch dä Aggä immä gleenä wärrä unn dää fumm Nochbä greesä* Dischinger 174. – Vgl. *Mark-, Ortstein, Scheid 1b*. – DWb. 10/1, 694; Pfälz. 6, 86; Schweiz. 11, 884; Südhess. 5, 1009; SUF IV, 19.

Setz-waage *sedswōg* O.scheffl.; *sedswǭg* O.weier (Rast.). – f.: ‚Kontrollinstrument für die horizontale Ausrichtung von Werkstücken u. ä., Wasserwaage' Roedder Vspr. 526b, O.weier (Rast.)/ZfdMu. 1916, 283. – DWb. 10/1, 695 (*Setzwage*); Fischer 6/2, 3111 (*Setzwage*); Pfälz. 6, 86; Schweiz. 15, 682; Südhess. 5, 1009.

Setz-wiesen Pl.: FlN 1895 Rohrd. – Vgl. *Setzmättlein*. – Südhess. 5, 1009 (*Setzwiese*).

Setz-zeit f.: 1) ‚Zeitraum, in dem die Jungpflanzen ausgebracht/eingepflanzt werden'; *bis dsųm ēršdə jūnī iš sedsdsaid* (vom Tabak) 1955 Halberstung. – 2) ‚Zeitraum, in dem die Rotwild Junge wirft', Jägerspr.; *An d' Hez* (→ II *Hetz(e)* 1) *und Sezzit denke si* Kohlund/Trenkle Al. 147. – DWb. 10/1, 696; Fischer 5, 1378.

Setz-zwiebel *sedsdsīḅələ* O.winden; Pl.: *sedsdsįwęlə* O.weier (Rast.); *sedsdsųwlə* Münchw. – f.: ‚zum Einpflanzen im Garten bestimmte Zwiebel' Schwendemann Ort. 3, 102, O.weier (Rast.)/ZfdMu. 1916, 327. – Vgl. *Steckzwiebel*. – Fischer 6/2, 3111 (*Setzzwiebel*); Pfälz. 6, 86.

Seuche *saišə* Eberb.; *seiχ* O.scheffl., Kappelwi.; *saiš* Oftershm; „*seich*" Kürnb., Münchw.; „*seiche*" Reute (Emm.). – f.: ‚Infektionskrankheit, Epidemie' Liébray 274, Kürnb./Umfr., Burkart 56, Schwendemann Ort. 3, 101; 1739 *pestilentialische Seuche* ‚Viehseuche' Alem. 5, 57; *spanische Seuche* ‚die 1918 stark auftretende Grippe' Zimmerm. hs. 283; *sōt əmōl ə seiχ unər di äldə leit khumə, as d jungə fǫr uns rū hēlə* ‚es sollte einmal eine Seuche unter die alten Leute kommen, dass die Jungen vor uns Ruhe hätten' Roedder Vspr. 526b. – Mhd. *siuche* ‚Krankheit, Seuche'. – Weiteres → *Tropfe 2*; vgl. *Klauen-, Lungen-, Maul- und Klauen-, Sterzseuche*; vgl. *D(a)ucht, Gesücht 1, Pest, Sucht*. – DWb. 10/1, 696; Els. 2, 321; Fischer 5, 1378 (*Seucht*); Pfälz. 6, 86; Schweiz. 7, 203 (*Siechi*). 204 (*Süch*); Südhess. 5, 1009.

† **Seuch-graben** m.: vermutlich → *Graben 1a*, der die Ausbreitung von Tierseuchen verhindern soll, oder zu → *seufz(g)en 2a*, vgl. *Sickerdole*; 1765 *... sollte ein jeder die Seuchgräben auf den Wiesen ausmachen* im Gerichtsprotokollbuch von Nöttgn.

Seuerle nur in → *Schwitzseuerle*.

† **Seufze** m.: Hausn. Freib., Bertoldstraße 17; 1565 „*zum Seuffzen*" K. Schmidt Hausn. 125. – Mhd. *sūfze, sūfz* ‚Seufzer'; lässt sich neben → *Schrei 2* und andere Hausnamen stellen. – DWb. 10/1, 700; Fischer 5, 1378; Schweiz. 7, 370 (*Süfze*).

Seufzer-allee „*seifdserallee*" Mannhm. – f.: scherzh. Bezeichnung für einen dicht mit Bäumen und Sträuchern bewachsenen Spazierweg, der abends gerne von Liebespärchen aufgesucht wurde, so z. B. der Promenadenweg im Schlossgarten von Mannhm und später die Stephanienpromenade Bräutigam So 122; in Haslach (Freib.) in den 1960er-Jahren die Staufener Straße Bad. Ztg 19.10.2015, 13. – DWb. 10/1, 705; Fischer 6/2, 3111.

seufz(g)en *sifdsə* O.weier (Rast.), mancherorts Ortenau; *seifdsə* Kappelwi.; *sīftsə* Auenhm, Schonach; *sīfdsgə* Etthm, Burkhm, Überlgn a. R., Böhrgn, Konst.; *sifdsgə* Münchw., St. Georgen (Freib.); *seufdsgə* Münchw.; *sūfdsgə* eb., mancherorts Markgräflerland, Wehr, Todtm.; „*si(p)fzgv*" Reute (Emm.); *sūfdsə* mancherorts ob. Markgräflerland; *sūfdsə* Vögishm, Lörrach, verbr. Höri; *sī͞ftsgə, siftsgə* Möhrgn; *sū͞ftsgə* Singen a. H.; *sīftsgə* Stahrgn, Stockach; *sūftsə* Radolfz. – schw.: 1) ‚stöhnen, ächzen, schluchzen' Burkart 56, Meng 34. 103, Wagsh., Heimburger 225, Schonach, Reute (Emm.), Glattes 14, Beck 194, Meis. VW. 38, Todtm., Schäuble Wehr 143, Kirner 355, W. Schreiber 38, Fuchs 8. 28a, Stahrgn, Singer Höri 54, Ellenbast 70, Joos 172, O.weier (Rast.)/ZfD Mu. 1916, 283, O.schopfhm/ZfhDMu. 1, 337, Vögishm/Alem. 25, 113; 13. Jh. *su'mften* Beitr. 14, 511; 14. Jh. *sūnftzen* eb. 15, 188; *Was sūfzgesch allewil?* Meier WB. 140; *Me hör gar mengi Nacht si sifzgen* Dorn 3; *Un zählt, un subtrachirt, / Un seufzt* Nadler 58; „*Jo weger!*", *sait es un sūüfzget* Hebel 6, 52; *Un wiider riißt s -, de möchtsch öbbs sage, / Doch süüfzgesch lüsli wie ne Chind* Baum Huus 24; vgl. *ächzen, blächzen, blästern, trensen 1, drocksen 2a, drückseln 2, jammern 2, krächzen 2b, stöhnen*. – 2) a) ‚rinnen, sickern' Wagsh., Meng 263; vgl. *rinnen 1a. b, seckern, sickern, suttern*. – b) ‚nässen von Wunden' Sand; *s tut sifzə* Legelsh.; vgl. *sädern, säfern 2, sifferen*. – Mhd. *siuften, sūfzen* ‚seufzen, beklagen'. – DWb. 10/1, 701; Els. 2, 332f. (*sifzen, süfzen*); Fischer 5, 1378. 6/2, 3111; Pfälz. 6, 86; Schweiz. 7, 372 (*süfz(g)en*); SDS IV, 103; Südhess. 5, 1009.

Seufz(g)er *saifdsr* Eberb.; *sifdsər, sifdsvr* O.weier (Rast.), Schutterwald, Hofw.; *seufdsgr, səifdsər* Münchw.; *sifdsgr* Endgn; *sifdsgr* Reute (Emm.), St. Georgen (Freib.); *sūfdsgr* mancherorts Markgräflerland; *sūfts-gr* Rüsswihl; *sūftsgr* Eschb. (Waldsh.); *sīftsgr, siftsgr* Möhrgn; *sūftsr* Radolfz.; Pl. wie Sg. – m.: ‚tiefes, hörbares Ein- und Ausatmen, Stöhnen' Braunstein N 1, 13, Bayer 62, Schwendemann Ort. 1, 7, Baum Huus 33, Glattes 32, W. Rothmund 10, Kirner 355, Rüsswihl/Mein Heimatl. 1937, 205; *n siftsər hōlə* O.weier (Rast.)/ZfdMu. 1916, 283; *n siftsgr rūslasə* eb.; *ər hōt dè letsct Süüfzər dòè* Ellenbast 70; *Seiñ letzter ird'scher Seufzer, dumpf und schwer* Nadler 82; *D' Fra Nachtegal hat net so schéne Seifzger* Eichrodt 17. – Mhd. *sūfte, siufze* ‚Seufzer'. – Weiteres → *jammerig*; vgl. *Blächzer, Brüller 1b, Tracht 1a, Gestöhne, Muffzer, Schluchzer*. – ALA I, Annex 23; DWb. 10/1, 704; Els. 2, 333 (*Süfzer, Süfzger*); Fischer 5, 1379; Pfälz. 6, 86; Schweiz. 7, 374 (*Süfzer*); Südhess. 5, 1009.

Seule *silə* Gutmadgn. – f.: ‚Werkzeug der Sattler und Schuster zum Durchstechen und Nähen von Leder, → *Ahle*' Kramer Gutmadgn 274. – Der Beleg gehört eigentlich zu → II *Säule*. Mhd. *siuwele, siule* ‚Pfrieme'. – DWb. 10/1, 699.

seunig nur in → *überseunig*.

Seure *sīrə* mancherorts Mittelbaden, Fützen, Möhrgn, Konst.; „*siäri*" Riegel; *sūrə* mancherorts südl. Schwarzwald, Breisgau, Eschb. (Waldsh.), Dangstet., Singen a. H., Worblgn; *sürə* Herrischrd, Schwerzen; „*süere*" Bergalgn; *sīr* Herdwangen; Pl.: *sīrə* Riedöschgn; *sīr* Herdwangen; Pl. wie Sg. in Eschb. (Waldsh.), Dangstet., Möhrgn; Dim.: *sīrlį* O.rimsgn, Wieden, Ewattgn, Riedböhrgn, Fützen, Riedöschgn, Mauenhm, Stockach; *sūrlį* mancherorts südl. Schwarzwald, Breisgau, Hegau, Singen a. H., Radolfz.; *sīrlə* Todtnaubg, Möhrgn, Schwand., Stockach, Überlgn a. B., Konst., Meersburg, U.siggingen; *sürlį* Präg, Häusern, Tiengen (Waldsh.), Hilzgn; *sīrlį* Sunthsn, U.baldgn; *sürlį* mancherorts Hegau; *sīrlį*

Raithaslach, Hohenbodman; *sīrli* Stockach; *sī̜rlə, sī̜rli* Bonnd. (Überlgn); Dim. Pl.: *sī̜rlen* Sipplgn, U.siggingen; *sī̜rlin* Dettgn; *seiiə'l̜in* Aach-Linz; *sī̜rlen* Hohenbodman; *sī̜rl̜in* Uhldgn. – f.: **1) a)** ‚Hautausschlag, Pustel, Pickel, Wundbläschen' Grossw./Zimmerm. hs. 290, Rippoldsau/eb., Zimmerm. Vhk. 77, Herrischrd/Umfr., Bergalgn/eb., W. Rothmund 71, Kirner 359, Fuchs 50a. 62, 1976 Hilzgn, W. Schreiber 39, Ellenbast 70, Joos 173f., Hegau/Der Hohentw. 1924, 74. Die unter → *Sehrle* aufgeführten Belege hätten eig. hierher gehört. – **b)** Pl.: ‚Schnakenstiche' Etthm/Zimmerm. hs. 290. – **2)** ‚Rausch, Schwips', in der Ra.: *ä Siäri im Gsicht* ‚ziemlich angeheitert sein' Riegel. – Mhd. *siure* ‚Krätzmilbe'. – Vgl. *Schwitzseuerle*; zu Bed. 1a vgl. *Bletz 6, Pfuche, Bibele, Borpel 1a, Friesel 1a, Rolle 3b, Rubel 1b*; zu Bed. 2 vgl. *I Rausch, I Säure 2, Seife 2*. – DWb. 10/1, 699 (*Seuerlein*). 707; Els. 2, 372 (*Süre II*); Fischer 5, 1379. 6/2, 3111; Schweiz. 7, 1293.

Seure-gesicht *sī̜rəgsiəx̜t* Möhrgn. – n.: Schimpfname Möhrgn. – Weitere Zusammens. unter *Gesicht 2a*.

Seure-könig *sī̜rəkęnig* Möhrgn. – m.: ‚unsauberes Kind mit Pickeln im Gesicht' Möhrgn. – Vgl. *II Hutzel 3b, Rufenginkes*.

Seve *sę̄fl̜* Bühlert.; *sēfəl* Achern, mancherorts Breisgau; *dsēfər* Lautenb. (Rench); *sēfig* mancherorts Mittelbaden, St. Peter; *sēfi* mancherorts Mittelbaden, Reute (Emm.), Freib.; *sēfī* Au (Freib.); *sefī̜* Neust.; *sefī* U.glottert., Todtnau, Liggersd.; *sēfe* Stockach. – m.: **1) a)** PflN; ‚Sadebaum, Juniperus sabina' Reute (Emm.), Fuchs 26. 62, Mitteil. 1915, 368, Lautenb. (Rench)/Mitteil. 1933, 291; „kommt am Palmsonntag in die Palmen" (→ *Palme 2*) 1909 Etthm, ähnlich R. Baumann 95 (vgl. *Sevenbaum 1a*), jedoch: „gehört zum Palmsonntag in die Stube, aber nicht in den Palmen" 1959 Au (Freib.); „Sud daraus wurde bei Viehkrankheiten verwendet" R. Baumann 95; „gegen Viehläuse" Zimmerm. hs. 282; „Tee daraus diente als Abtreibungsmittel" R. Baumann 95, ähnlich 1895 Weiss 88 (vgl. Bed. 1b); „gilt mancherorts und auch in einigen Volksliedern als ‚bös'" A. Müller 2, 105. – **b)** → ‚Sevenbaumtee, Summitates sabinae', ein Abtreibungsmittel Zimmerm. Vhk. 57, Achern/Arch. Pharm. 1922, 168, Breisgau/eb., St. Peter/eb. – **2)** PflN; ‚Lebensbaum, Thuja' 1973 Neust., E. Dreher 50; Zweige gehören in die Palmen (→ *Palme 2*) 1938 Lautenb. (Rench), 1953 Todtnau (vgl. *Sevenbaum 1a*). – Ahd. *sevina*, mhd. *seven* (f.) ‚Sebenbaum', aus lat. *sabina*, Genus m. wohl unter Einfluss von → *Sevenbaum* entstanden (vgl. Schweiz. 7, 341). Die mu. Lautungen sind zuweilen volksetymologisch an andere Wörter angelehnt, vgl. z. B. DWb. 10/1, 708. – Vgl. *Sevenbaum*. – Els. 2, 328 (*Sefe*). 381 (*Sewi*); Fischer 5, 1308 (*Sefe*); H. Marzell Wb. 2, 1095f.; Schweiz. 7, 341 (*Sefi*).

Seve(n)-baum *sę̄flbām* O.scheffl.; *sę̄flbām* Bietighm; „*Sefebom*" Ersgn, Hambg; *sębōm* Ottersd.; *sǟfəbām* O.-weier (Rast.); „*Säfelboum*" Halberstung; „*Sēfelbaum*" Baden-B., Bühl (Rast.), Kappelwi., Ottersw., Achern, O.achern; *sēfebō̜m* Marlen; „*Seyflbaum*" Harthm (Freib.); Pl.: *sę̄flbēm* O.scheffl. – m.: **1)** PflN. **a)** ‚Sadebaum, Juniperus sabina' Roedder Vspr. 524b, Ruf 35, Baden-B./Zimmerm. hs. 282, Bühl (Rast.)/ZfdMu. 1913, 323, Kappelwi./eb., Ottersw./eb., Achern/eb., O.weier (Rast.)/eb. 1916, 287, Bühl (Rast.)/Mitteil. 1915, 368, Achern/eb.; 1566 *seve-, sefenbaum* ‚ein Arzneikraut' Pict. Leibs Artz. 121b.

124b. Zweige wurden in den → *Palme 2* eingebunden oder auch einzeln am Palmsonntag zur Weihe in die Kirche gebracht (vgl. *Sevenstaude 2*) Ersgn, Hambg, 1922 O.achern, Marlen, O.weier (Rast.)/ZfD Mu. 1915, 343. – **b)** ‚Lebensbaum, Thuja' Mörsch/Atlas dVk.-Frageb., Rittler 122, Halberstung. – **c)** ‚Buchs(baum), Buxus sempervirens' Pfrengle Harthm 75. – **2)** Hausn. Freib.; 1453/1517 *Hus genant zum Seuebom in der Núwenburg* K. Schmidt Hausn. 125; 1461/1495 *zum Seveboum* eb.; 1468 *zum Sevyboum* eb.; 1565 *zum Sevebom in der Vitschifißgaß*; 1653 *zum Sevenbaumb* eb. – Mhd. *sevenboum*. Bei den mu. Formen wurde das Bestimmungswort bisweilen nicht verstanden und daher volksetymologisch an andere Wörter angelehnt (vgl. DWb. 10/1, 708). – Vgl. *Thuja, Fesenstauden, Fesi, II Säbel, Seve*. – DWb. 10/1, 81 (*Sefenbaum*). 707; Els. 2, 44 (*Segenbaum*); Fischer 5, 1309; H. Marzell Wb. 1, 704. 2, 1095. 4, 696; Pfälz. 6, 87; Schweiz. 4, 1245 (*Sefibaum*); Südhess. 5, 1010.

Sevenbaum-tee m.: ‚Teezubereitung (→ *Tee 2*) aus Blättern des Sadebaumes, Summitates sabinae', als Abtreibungsmittel verwendet Baden-B./Arch. Pharm. 1922, 168. – Vgl. *Seve 1b, Spitzentee*.

Seve(n)-palme „*Seewebalmen, Sevepalme(n)*" so und ähnlich mancherorts Baar; „*Sēfibalme*" Villgn; *sefəbālmə* Sunthsn; *sefelbālmə* U.alpfen; Pl. wie Sg. – m.: **1)** PflN. **a)** ‚Sadebaum, Juniperus sabina' Sunthsn, U.alpfen, Baar/Alem. 43, 147, eb./Mitteil. 1913, 288, Villgn/eb. 1915, 368. – **b)** ‚Lebensbaum, Thuja' Sunthsn. – **2)** Pl.: ‚Zweige des Sadebaums' Villgn (vgl. *Sevenstaude 2*). – Zum Grundwort s. → *Palme*. – Fischer 5, 1309 (*Sefenpalmen*); H. Marzell Wb. 2, 1099.

Seve(n)-staude „*Seefelstuude*" Ebrgn (Freib.); Dim.: „*Seevi-Schtäudili*" Freib. – f.: **1)** PflN; ‚Sadebaum, Juniperus sabina' Mitteil. 1915, 368. – **2)** Dim.: ‚Zweigchen des Sadebaums', in katholischen Gegenden am Palmsonntag als Schmuck für die Palmstange verwendet oder einzeln zur Weihe in die Kirche gebracht und dann zuhause hinter das Kruzifix gesteckt A. Müller 2, 105. – Vgl. *Fesenstauden, Sevenbaum 1a*. – Fischer 5, 1309 (*Sefenstaude*); H. Marzell Wb. 2, 1096; Schweiz. 10, 1359 (*Sefistüd(e")*).

Severin *sefərī* Singen a. H.; Kurzform: „*Sefer*" Sandw., Schapb., Wutöschgn. – m.: männl. VN; G. Müller 34, W. Schreiber 20, Schapb./Alem. 23, 5. – Weiteres → *Dachs 1, der, die, das 3b*. – DWb. 10/1, 708 (andere Bedeutung); Fischer 5. 1379 (*Severinus*). 6/2, 3111 (andere Bedeutung); Schweiz. 7, 341 (*Severinus*).

Sevi ‚Sadebaum, Juniperus sabina' → *Seve*.
Sevi-staude → *Seve(n)staude*.
Sewek ‚dreispitziger Bauernhut' → *Seeweck*.
Sex *segs* Pforzhm. – m.: ‚Schutzmann'. Übern.? – Vgl. *Schandarm 1, Schmieres, II Schroter, Schutzer*.

Sexau *ságsoi* so u. ähnlich Freiamt, Teningen, Sexau, Buchholz, Gundelfgn, Freib.; *segsoi* Sexau, Denzlgn. – ON: Gemeinde/Dorf im Landkreis Emmendingen; 1284 *ze Sexowe* Krieger 2, 984; 1354 *Secksōwe* eb. 985; 1483 *Hans Surman, vogt zu Sexow* eb.; 1568 *die pfarr … zue Sexaw* eb. 986; *ins sagsoi nā* (hinunter) 1980 Freiamt; *ins sagsoi nüs* (hinaus) eb.; versch. Ortsneckereien beziehen sich auf die charakteristische Aussprache von mhd. *ou* im Sexauer Dialekt: *wō kunš hǟr dü drạksoi, vu sägsoi?* Eckerle 43; *in sägsoi hed ən ạldi froi ə soi mit əmə bloiən oig verkoifd!* eb.; *Im Saxoi isch e Froi, un die Froi het e Soi; un die Soi het e bloi Oig. Wann i emol ins Saxoi kumm, no bschoi i die Soi mitem bloie Oig* Buchholz. – Etym. offenbar nicht eindeutig geklärt. Erste urkundliche Erwähnung 862 als *Secchosowa*; KRIEGER 2, 984 erklärt den ON als „Au des Saconi oder ä." Bei der Erklärung, die Gemeinde bestehe aus sechs Auen (so gemeldet 1925 SEXAU), handelt es sich vermutlich um eine volksetymologische Deutung. – Vgl. *Au*.

Sexauer FN: Herkunftsname, bes. in den Kaiserstuhlgemeinden Bötzingen und Endingen verbr. KLAUSMANN FN 111 u. Kt. 45.

Sexes *segsəs* PFORZHM. – FN: **1)** Kurzform des FN → *Sexauer* PFORZHM. – **2)** Spitzname eines best. Lehrers PFORZHM.

sexieren „*segsiere*" MANNHM, SANDHSN; „*seggsiern*" SCHRIESHM; *segsī̆rnə* O.SCHEFFL.; *segsī̆rə* OFTERSHM; *saksiā̆rə* REUTE (EMM.); *segsīə̆rə* MENGEN; *segsīə̆rə* LENZK.; *segsiəə̆rə* WEHR; Part.: *segsīə̆rt* O.SCHEFFL.; *segsiə̆rt* WEHR. – schw.: **1)** ‚eine Leiche öffnen, sezieren' BRÄUTIGAM SO 122, MANNHM GR. 178, HERWIG-SCHUHMANN 113, ROEDDER VSPR. 284, LIÉBRAY 275, REUTE (EMM.), 1936 MENGEN, SCHÄUBLE WEHR 136; über jem., der unter verdächtigen Umständen gestorben ist: *si węn ə jo nō segsīə̆rə* ‚sie wollen ihn ja noch sezieren' KETTERER 50; vgl. *verschneiden 1a*. – **2)** ‚etwas auseinandernehmen, z. B. ein Spielzeug' BRÄUTIGAM SO 122, LEHR KURPF.² 135; vgl. *abrichten 2, abschlagen 2*. – Entl. aus lat. *secare* ‚(zer-)schneiden, zerlegen, operieren'. – Fischer 6/2, 3099 (*sekzieren*); Südhess. 5, 1010 (*sezieren*).

Sextaner-blase f.: ‚schwache Blase', scherzh.; *Segsdanerbleesl* (Dim.) BRÄUTIGAM SO 121. – Wörtl. ‚Harnblase eines Sextaners (Gymnasiast der untersten Jahrgangsstufe)'; zum Grundwort s. → *Blase 2a*.

Sextus-beck m.: volkstümlicher Name für eine Bäckerei, nach ihrem Besitzer Sextus Fehrenbach (auch noch nach seinem Tode) 1930 FURTWANGEN. – Zum Grundwort s. → *Beck*. – Vgl. *Herre(n)-, Josenbeck*.

Sezenen Gen. unbekannt: FlN, nicht näher bez. Gewann O.ESCHACH. – Viell. zu → *Setze 2*?

sezieren → *sexieren*.

Sfizen Pl.: ‚Fitzbohnen, Gartenbohnen Phaseolus vulgaris' H. SCHILLI² 284; *zum Mahlen von „Heublumen, Sfizen" und „Gschöllach" für die Schweinemästung* eb. 237. – Vgl. *Saubohne*.

Sherry-wein → *Schürriwein*.

I **si** *si* TAUBERBISCH., WALLDÜRN, HETTGN, AMOLTERN; *sį̆* WILLSTÄTT. – Interj.: Lockruf für Schafe und Ziegen, oft redupliziert; *sį̆ sį̆ sį̆* WILLSTÄTT; mit *bęgr si* ‚lockt man ein Schaf und hält ihm dabei ein Stück Brot entgegen' HEILIG WB. 16; *hadl* (Ziege) *si, si* HETTGN. – Weiteres → *III Bäcker, Hattel 1*; vgl. *alle 2, brr 3, da 1b, I le, Meckele 3, I se 2*. – Fischer 5, 1380; Schweiz. 7, 1388 (*sissi*). 8, 1 (*schi*).

II **si** abgeschwächtes Pron. *sie* → *er 2aβ*.

III **si** abgeschwächtes Pron. → *sich*.

Si-bach FlN → *Si(e)bach*.

Sibirien *sibī̆rjə* KIRCHEN (EFRGN). – n.: **1)** Name einer großen Region in Russland 1976 KIRCHEN (EFRGN); *ei wüßt ich nor wo der jetz wär, / Der müßt mer aus Sibirie widder her* NADLER 63. – **2)** Spottname: *Badisch Sibirien* ‚das badische Frankenland' GÖTZELMANN 377, wegen dessen im Vergleich zur Rhein- und Neckarebene rauheren Klimas und seiner Entfernung von größeren Städten so genannt MEIN HEIMATL. 1927, 321; *Badisch Sibirie* BRÄUTIGAM MACH 115; *diesen Landesteil ... betrachteten viele Beamten als das badische Sibirien und sehnten sich wie Verbannte daraus weg* KUSSMAUL JUG. 39; *Wer von „Badisch Sibirien" spricht, hat jedenfalls unser Frankenland nie recht gesehen* GÖTZELMANN 378. – Vgl. *Bu(ch)finke(n)-, Hinterland*. – Fischer 5, 1387; Südhess. 5, 1010.

sibirisch Adj.: ‚aus → *Sibirien 1* stammend'; in Ra./Vergleich: *er macht ein Gesicht wie ein sibirischer Drillwedelaff* ‚er verzieht das Gesicht (zu einer Grimasse?)' NESSELRD/OCHS-FESTSCHR. 262. – Ähnl. Vergleiche s. u. → *Haumesser, Regenwetter 1, Wasserschapfe*.

sibo in Fastnachtsreim, s. u. → *Narro 2*.

Sibold FN → *Siebold*.

Sibolden-wiese f.: FlN, Wiesengelände MÜHLHSN (SING.); 1712 *hinab auf sibolten Wis* W. SCHREIBER ZW. 530. – Laut eb. benannt nach dem Besitzer namens Sibold von Hausen.

Sibylle *siwl* EBERB.; „*Siwil*" RUST. – f.: weibl. VN; *Mein Sibylle, sage se, wär e Mamsell* NADLER 259; *Un mein Schwester aa, die Sibylle* eb.; auch in Ruf- und Übernamen: *d' Paulezibill, d' Zachezibill* BERTSCHE 28; *di dambōrsįwl* (Tamboursibylle) 1949 EBERB. – Vgl. *Blinze-, Matzebille, Schlapp-, Schneesibylle, Schwatzsybille*. – DWb. 10/1, 709; Els. 2, 318 (*Sibille*); Fischer 5, 1386. 6/2, 3112 (*Sibille*); Pfälz. 6, 87; Schweiz. 7, 62 (*Sibille*); Südhess. 5, 1010.

sich *si* STEINB. (WERTH.) (vor Vokalen *sįχ*), FAHRENB., O.SCHEFFL., SANDW., SCHENKENZ., HOFSTET., TRIBG, MAMB., GUTMADGN, RADOLFZ.; *sįχ* verbr. Taubergrund, HANDSCH., HEIDELBG, RAPP., PFORZHM, Ufgau, um RASTATT, Renchtal, LIGGERGN; *sī* HETTGN, BOXBG; *sįš* OFTERSHM; *sįχ* O.WEIER (RAST.), Hanauerland, nördl. Schwarzw., WILDGUTACH, WOLTERDGN; *sį* GROSSW., LENZK., SCHLÄCHTENHAUS, ESCHB. (WALDSH.); *se* SANDW., MÖHRGN; *six* BÖTZGN; *sįx* RHEINBISCH., JECHTGN, BREISACH, BUCHHM (FREIB.), EBRGN (FREIB.), BLEIB., SUNTHSN; *sęx* DENZLGN; *sex* IHRGN, GUTMADGN; bisweilen wird gesondert auf eine unbetonte Form hingewiesen: *sį̆* O.WEIER (RAST.); *se* SCHENKENZ.; *si* KONST. – Pron.: **1)** reflexiver Gebrauch in der 3. Pers. Sg. und Pl. HEILIG GR. 78, LENZ WB. 65b, FREI SCHBR. 150, LIÉBRAY 276, O. SEXAUER 126. 155, BAUR 92. 209f. 273, ROTENFELS/HEBERLING 5, KETTERER 20, W. ROTHMUND 36, JOOS 264, STEINB. (WERTH.)/ZFD MU. 1912, 358, O.WEIER (RAST.)/eb. 1916, 283. – **a)** mit Akk. *ęr dūəd sį ā* ‚er zieht sich an' BAUR 103f.; *si* ‚er entwickelt sich' FLEIG 134; *Grad ebe hän si d' Fingerli / am Batschili so gregt* BAUM DIPFILI 16; *man kann sich noch erinnern* GRIMMELSHSN 587; *kai Trostle singt, kai Summervögeli sunnt si* HEBEL 62, 61; *Hot sich uf die Kanzel gschtellt / Un gepreddigt wie e Parre* NADLER 40; *Un wann so en alder Junggsell sich verlibt, / Do treibt der Deiwel seiñ Schpiel* eb. 98; *„Potz Endesiieß un Hafelöff", sait 'r un loßt sich in Großvadderstuhl plotze* GANTHER STECHP. 7; *Mi Fünffüeßler stoßt un stemmt un biagt sich un drillt sich wia e Wurm odd'r e Schlang* eb. 87; *Kroddebreit het 'r sich in Herrigottswink'l ni g'setzt* eb. 49; *un mer muas am Brunedrög zərscht en Iszapfe ewegschlā for mer si wäsche kån* O. FWGLR 39; Ra.: *Die hänn sich äns Feischdl glacht* FORCHHM (KARLSR.); Sprichw.: *sich reje, bringt Seje* LITTERER 310; *Ma ziegt sich erscht aus, bevor ma ens Bett geht* Rat für ältere Leute, die Dinge nicht zu früh den Jungen zu überschreiben BRUCHSAL. – **b)** mit Dat. *ēr wil sī hald nįχd sāxə losə* ‚er will sich halt nichts sagen lassen' HETTGN; *Der hat sich dä Kraare abgsoffe* ‚zu viel Alkohol getrunken' FORCHHM (KARLSR.). Laut Roedder steht in O.SCHEFFL. noch Anfang des 20. Jh.s bei dativischem Gebrauch das jeweilige Personalpronomen: *ər hot m des khäft* ‚er hat sich das gekauft' ROEDDER VSPR. 526b; *si hot ərə des khäft* eb.;

si hewə ən des khāft eb.; *ər hot sər des gedeŋkt* ‚er hat sich das gedacht', *sər* ist eine Analogiebildung zu *mir, dir* eb. 129; *se schlacht si d'Händ no zemmen überm Chopf, / un sait: „Du gottlos Chind; isch das my Dank?"* HEBEL 12, 29; *'s mächt Jeder sich die nemliche Gedanke* NADLER 74; *Des het 'r sich nit zweimol sage lo* GANTHER STECHP. 67; *D'r Schandarm het sich schier d'Auge rus g'luegt* eb. 72; *d'Lütt hädde ganz recht, wenn sie sich uf d'Hinterfüeß stelle un sich nit alles g'falle lo däde* eb. 64. – **2)** reflexiver Gebrauch in der 1. Pers. Pl., ‚uns'. **a)** mit Akk. *mer henn sich sicher druf verloo* HALBERSTUNG; *mv welə siχ ins bet lēgə* ‚wir wollen uns ins Bett legen' MEIS. WB. 155a; *mə̃r hewə si sou dum ā̊gš́delt* ROEDDER VSPR. 526b; *mə̃r wērnə̃ si* ‚wir wehren uns' eb. 129. – **b)** mit Dat. *Miä senn sich neeä kummä* ‚wir sind uns näher gekommen' DISCHINGER 176; *mə̃r hewə sər des ā̊gš́aft* ‚wir haben uns das angeschafft' ROEDDER VSPR. 129; vgl. *uns*. – **3)** nach Präp. *fov siχ sai"* ‚alleine sein' HEIDELBG; *Dr Hanesli hät ou für sich ā̊gfange* O. FWGLR 4; *Der Rock hots uf sich* NADLER 196; *meh as eimol isch 'r dra gsi, alles d'r Muedder z'bichde, awwer 'r het's halt do nit ünwer sich broocht* GANTHER STECHP. 39; *er hat si Langohrekorb newe sich uf d'Bank g'stellt* eb. 49; *„'s gitt do no Staatsbure do hinderum" het 'r bi sich denkt* eb. 71. – **4)** Ausdruck der Gegenseitigkeit, ‚einander'; *Un uf der Straß hen se sich anglozzt* EICHRODT 153; *phak š́lēgt si, phak fərdrēgt si* ‚Pack schlägt sich, Pack verträgt sich' ROEDDER VSPR. 130; *Der Reverend und Erl of Rumplefort / Habenn sich um die Echtniß von ihr Sword / Gestritten, erst mit mir, und dann mit sich, / Und Jeder hat gesagt: das echt hab ich! / Und haben sich geboxen, yes! comme ça* NADLER 180; vgl. *einander*. – **5)** in unpersönlichen Wendungen; *un jetz wärd sich aus em Schdaab gemacht* HUMBURGER 186; *Eine Frau wird sich genommen* eb.; *dō werd si s sāi!* ‚davon braucht man kein Aufhebens zu machen!' O.SCHEFFL.; *do werd sich net umguckt meh, des findt sich schonn* EICHRODT 124. – Ahd. *sih*, mhd. *sich*. – Weiteres (in Auswahl) → *ablaufen 2a, I Acht 1, anlegen 1, antun 1b, ausdenken 2, Begriff, Bein 2, I bescheren, beweisen 2, Bletzəb, blicken 2, Bruder 1, Dach 1, dadaher, daraus, I drehen 2c, Tod 1, totschießen, durchlaufen 2, Eliaswagen, erlauben, fehlen 2b, verfärben 2, verheiraten 1a, Fuchs 1, gehören 2bβ, 3, Geschrei 2, getrösten 1, gleich 1aα, henken 2, herausschöpfen, herumdrehen, herunterputzen, Herz 2, hinretirieren, jähren, jetzt II 1a, Jux, Kammhaar, käsen 2, Kleie, Knäutel 2, Konduktör, Kopf 2a, Kram 5, kratzen 1a, kruschel(e)n, kugelrund, I lachen 1a, Land 1a, Leben 1a. 2a, legen 2a, Lehrstück, Leib 1, Leute 1α, Löwe 3b, machen I 2c. III. V 3. V 4, manchmal 1, Manger 1, Mann II 1a dd. II a ee, Mannskerl(e), Maul 2b, meinen 2a, Mensch 1, Mickymaus, I Münze 2b, murksen 4, mutzen, Nachtimbiß, namhaft, nehmen B 1a, nennen, niemand 1, Oberamt, obgenannt, Ochs 1a, Ranzen 2a, Regen 1, regen, Rock 1, I Rute 1a. 4c, sagen 3b, Salat 1b, Salbe 1, satt 1, Sau 1a, I schaffen 1a, schämen 1, I schicken 2a. b, Schilling, schlegeln 2, Schmotz, Schneekönig, schon 2a, schön 1b, schwer 3a, seifern 1, I selber B, selbst 1, stäupern*; vgl. *von-, vörder-, vor-, fürder-, für-, hinterfür-, hintersich* und *Zusammens., innert-, kantab(h)er-, kantüber-, kopfüber-, nach-, neben-, niedsich* und *Zusammens., obersich* und *Zusammens., obsich* und *Zusammens., übersich* und *Zusammens., unterob-, untersich* und *Zusammens., untersüber-, zuunterobsich, zusichkommen*. – DiWA II-5, 459; DWb. 10/1, 709; Els. 2, 321; Fischer 5, 1387. 6/2, 3113; Pfälz. 6, 87; Schweiz. 7, 147; Südhess. 5, 1011.

Sichel *siχl* WERTHM, HETTGN, HIRSCHLANDEN, HANDSCH., O.SCHEFFL., RAPP., HOCHSTET. (LINK.), ROHRB. (EPP.), DAXLANDEN, NEUBURGW., MÖRSCH, PFORZHM, LICHTENAU, HALBMEIL, SCHENKENZ., mancherorts Baar, HAUSEN I. T., GUTENSTEIN, ENGELSWIES, MÖHRGN, SAULD., HONSTET., ZOZNEGG, LIGGERSD., STOCKACH, FRIEDGN, verbr. Bodanrück, REICHENAU, mancherorts Linzgau; *siš́l* EBERB., mancherorts Kurpfalz, PHILIPPSBURG; *siš́l* OFTERSHM; *siχl* AU A. RH., verbr. nördl. Schwarzwald, Ortenau, RIPPOLDSAU, SCHAPB., SCHENKENZ., SCHILTACH, BUCHENBG, KAPPEL (VILL.), GÜTENB., WILDGUTACH, SCHWENNGN, MESSK., SCHWAND., RAITHASLACH, verbr. Linzgau; *siχəl* FREIOLSHM, FURTWANGEN; *seχl* verbr. Hanauerland, BERMERSB. (RAST.), KIPPENHEIMWLR; *siχəl* URLOFFEN, ZELL-WEIERB., KNIEBIS, NONNENW., SEELB., WOLFACH, STAHRGN; *siχlə* HERBOLZHM (BLEICH), SCHWEIGHSN, MÜHLENB., GUTACH (SCHWWALDB.), ENDGN, mancherorts Breisgau, verbr. an Elz, Gutach und Glotter, BREITNAU, SUNTHSN; *siš́əl* LAHR, DINGLGN; *siχl* REICHENB. (HORNBG), PFAFFENWLR (VILL.), HÄUSERN, ADELHSN, LEIBERTGN, ORSGN, BONND. (ÜBERLGN), HAGNAU; *siχlə* ELZACH, BLEIB., DENZLGN, HOCHD., verbr. Kaiserstuhl, Tuniberg, südl. Schwarzwald, Markgräflerland, Dinkelberg, Hotzenwald, Klettgau, mancherorts Baar, westl. Hegau, Höri; *seχlə* JECHTGN; *siχlə* SCHÖNWALD, VÖHRENB., URACH, HAMMEREIS., KAPPEL I. T.; *sjəxlə* BOTTGN; *sjəxl* BREISACH; *siχl* BREISACH, RAITHASLACH; *siχlə* HERDERN, ENGEN; *sjəxlə* WOLTERDGN; *sixlə* HARTHM (FREIB.), EBRGN (FREIB.), EISENB., HINTERZTN, ALTGLASHÜTTEN, BONND. I. SCHW., BETTMARGN, BRENDEN, GAISS, BUCH (WALDSH.), SCHWERZEN, LIENHM, DETTIGHFN, AULFGN, AACH; *sexlə* GRISSHM, ISTEIN, U.BRÄND, REISELFGN, DÖGGINGEN, RIEDBÖHRGN, IPPGN, O.BALDGN, PFOHREN, GUTMADGN, MAUENHM; *siχ̌l* MÖHRGN, RADOLFZ.; *sixl* HEINSTET., BURGWLR, BONND. (ÜBERLGN), SIPPLGN, PARADIES; *sixl* LIGGERSD.; Pl.: *siχlə* RAPP., MÖRSCH; *seχlə* ALTENHM; *siχlə* RAITHASLACH; *siχlv* KLUFTERN; wo die Singularform auf -*lə* endet, gilt Pl. = Sg.; Dim.: *siχələ* O.SCHEFFL.; *siχilə* RAPP.; *siχəli* MÖRSCH. – **f.: 1)** ‚Arbeitsgerät zum Schneiden von Gras und Getreide', besteht aus einer stark gekrümmten, spitzen Stahlklinge und einem kurzen Holzstiel PLATZ 297, LENZ WB. 65b, ROEDDER VSPR. 526b, FREI SCHBR. 150, LIÉBRAY 276, ODENWALD MPH. 100, MEIS. WB. 155a, SCHRAMBKE 122, SCHRAMBKE Stellung 471, O. SEXAUER 154, BAUR 61. 88. 92, HEBERLING 48, BURKART 211, HARTMANN 55, SCHECHER 81. 140, WILLINGER 65. 163, MENG 40. 249, KREUTZ 41. 88, FOHRER 12, KILIAN 44, SCHWENDEMANN ORT. 3, 102, METRICH 63, TWISTE 49, SCHWER 32, KLAUSMANN BR. 24, BRUNNER 60, PFRENGLE HARTHM 64, GLATTES 36, SIEFERT 88, W. ROTHMUND 21, KRAMER GUTMADGN 271, KIRNER 486, W. SCHREIBER 19, ELLENBAST 66, ZINSMEISTER 13, E. DREHER 58, MALSCH (ETTL.)/WKW 78, BINZEN/eb., O.SCHOPFHM/ZFHDMU. 1, 319, O.WEIER (RAST.)/ZFD MU. 1916, 283; „wurde im Rebbau zum Ausmähen der Rebstücke verwendet" HÖFFLIN 227; 1442 *Item von ainem vasse mit sicheln vier phennig und von aim hundert ainen helbling* (Zoll) NEUENB. STADTR. 59, ähnlich 1499 eb. 88. 90; 1609 *Landzoll und weggelt ... Von einem pferd, so senßen oder sichlen zeucht, zwolf pfennig* WALLD./BAD. WEIST. 3, 254f.; *ə siχlə* 1968 U.PRECHT.; *vrsichlet mit dr Sichlv* REUTE (EMM.); *Mit ere Sichel isch s Hüfli ufgno worde und uffem Strauband adrait worde* THOMA HÜTTEN 39; *Reche, Sichle, Flechel, Fahne* NADLER 39; *Un mach en andre Sichle druus, / un was me bruucht in Feld un Huus!* HEBEL 4, 123; *au d Sichle sote no dänglet si, as mer grüscht isch wenes ā̊got* O. FW-

GLR 60; *Noetno ischer* (der Mond) *aiwil no schmëler wore wia e Sichlë* eb. 64; Ra.: *Bei wia Sichle* ‚krumme Beine' GANTHER STECHP. 98; Erntespruch: *Hl. Michel, wetz men Sichel* 1894 BEROLZHM/UMFR. – **2)** Sichelförmiges. **a)** ‚Viertelmond, Mondsichel'; *hen īr əmōl ən šainə mau* (Mond), *də unsər iš nu ə siχl* 1972 BUCHENBG. – **b)** ‚Schwanzfeder des Hahns' 1894 BEROLZHM/UMFR. 23, FOHRER 166; Rätsel vom Hahn: *Es gejht ebbs di Schdeeche* (Treppe) *nuuf un hot e Sichel im Aårsch* 1966 HÖPFGN, ähnlich ALTENHM (s. u. → *Bühnestege*). – **c)** ‚krummes Bein' BURKART 211; vgl. Bed. 3a u. 3b sowie Ra. unter Bed. 1. – **3)** Namen. **a)** Übername für eine Frau mit krummen Beinen BURKART 211. – **b)** m.: *Sícheli* Übername für einen Mann mit krummen Beinen, dessen Bruder *Mícheli* heißt 1904 ETTHM. – **c)** Hausname FREIB.; 1460 *zur Sichel* K. SCHMIDT HAUSN. 125; 1504 *hus genant zu der Sichel* eb.; 1565 *Hauß zur Sichell* eb.; 1664 *zur Sichlen* eb. – **d)** FN, nach 1809 vor allem in Nordbaden bei Juden gebr., aus Hausnamen entstanden DREIFUSS FN JUD. 101. – **e)** PflN; ‚Wasserschwertlilie, Iris pseudacorus'; *Sichle* GOTTENHM/MITTEIL. 1919, 54. – Ahd. *sichila*, mhd. *sichel*, entl. aus lat. *secula*; vgl. LEXER MHD. 2, 901. – Weiteres → *brunze(n), Hinterquartier, Kipfe 4, I Michel 1b, Ramskopf 1, schneiden 2a*; vgl. *Strohsichel*; zu Bed. 1 vgl. *Rausche 3, Segense, Sense*. – DWb. 10/1, 713; Els. 2, 322; Fischer 5, 1387; H. Marzell Wb. 2, 1033; Pfälz. 6, 88; Schweiz. 7, 186; SSA II/105.00a; Südhess. 5, 1011; SUF IV, 23.

Sichel-boot n.: ‚steigender → *Mond 1*, d. h. liegender Viertelmond (Mondsichel) mit nach oben zeigenden Spitzen, Mondschiffchen'; *De Mond stoht übrem Hörnli; / e schmalis Sichelboot, / wo dur e Meer us Sternli / als Fähri duregoht* JUNG BRÄGEL 27.

Sichel-ernte *síχləǣrn* BOTTGN. – f.: dass. wie → *Sichelhenke(t)* SCHULZE 68. 106.

Sichel-henke(t) „sichelhenke" BOBST., NEUNSTET., BEIERTHM, SINGEN (PFINZ); „sichelhenket" HASSMERSHM, NIEFERN; *siχlheŋgət* mancherorts Pfinzgau; „sichelhänget" DURLACH; *síχlheŋgi* KIPPENHM; *siχlheŋgi* SCHENKENZ.; *siχlhaŋgi* MÜNCHW.; „sichlvhängi" REUTE (EMM.); *siχlheŋgi* MÜNCHW., GLOTTERT.; „sichlehängi" U.IBENT., BALLRECHTEN; *sixəlheŋgi* SCHOPFHM; *siχlhaŋgi* SUNTHSN; *siχlhēŋke* MÖHRGN; „sichelhänke" TENGEN; *siχlheŋki* so u. ä. 1965 HINTSCHGN, BOHLGN; *siχl-, siχlheŋke* STOCKACH. – f.: ‚Fest zum Abschluss der Getreideernte, Erntefest' 1894 BOBST./UMFR., HASSMERSHM/eb., C. KRIEGER KRAICH. 98, BOGER 16, BAUR 97, SCHULZE 106, SCHWENDEMANN ORT. 1, 47, AMOLTERN, GLATTES 38, SUNTHSN, KIRNER 468, FUCHS 62, 1895 RIEDHM (KONST.)/UMFR., WEISSMANN 270, DURLACH/TURMBERG 1956, 141; „Ist die Ernte vorbei, so wurde von jeher Sichelhenke gehalten, am Sonntag nachher, da gibts Nudelsuppe, gekochtes Fleisch und Gurkensalat, Kalbsbraten, Schinken, Salat, dazu reichlich Wein, dann noch Kugelhopf und Kaffee" 1896 ICHENHM/UMFR.; „Erntefest, … wobei ordentlich gezecht und gegessen wird" 1895 TENGEN; „es gibt Küchle" SINGEN (PFINZ)/UMFR., ähnlich NIEFERN/eb.; „mit Tanz" 1894 NEUNSTET./eb., LIPPERTSR., ähnlich BEIERTHM/UMFR.; „Die Sichelhänki eröffneten noch vor einiger Zeit die Mägde von Krotzingen (Staufen) und Auggen (Müllh.) damit, daß sie dem „Meister" einen Ährenkranz, in den auch wohl ein gereimter Glückwunsch eingeschrieben war, überreichten" E. H. MEYER 433; *Es gab lustige Durchsitze im Winter, und die Sichelhenke war ein Fest: ein echter, nobelhafter Glanz war über dem Greifenhof* BURTE WILTF. 243. – Die Benennung beruht darauf, dass nach dem Abschluss der Ernte „die Sichel zu ihrer Winterruhe aufgehängt … wurde" E. H. MEYER 433; vgl. zum Grundwort auch → *Henk(e), henken 1*. – Weiteres → *Bockfleisch*; vgl. *Erntebraten, -fest, -sonntag, -tanz, Flegelhenket, Heuetessen, Heugans, -geiß, -katze, Niederfalle, Öhmdessen, -maus, Schnitthahn, Sichelernte, -lege, -löse*. – DWb. 10/1, 716; Fischer 5, 1388; Pfälz. 6, 89; Schweiz. 2, 1465 (*Sichelhenkete*). 1466 (*Sichelhenki*); SDS V, 71; Südhess. 5, 1012.

sichel-krumm *síχləgrum* MÜNCHW. – Adj.: ‚gebogen wie eine → *Sichel 1*' SCHWENDEMANN ORT. 1, 193. – Vgl. *geschnäupt*. – DWb. 10/1, 716; Fischer 5, 1388.

Sichel-lege *síχllegi* RIEDERN A.W. – f.: dass. wie → *Sichelhenke(t)* Gegend um BONND. I. SCHW. u. STÜHLGN/E. H. MEYER 433, RIEDERN A.W.; „am Sonntag nach der Ernte" SCHWERZEN; mit „Schinken, Küchle, Wein" 1895 RECKGN. – Die Benennung beruht darauf, dass in früherer Zeit nach dem Abschluss der Ernte die Sichel zur Seite gelegt wurde (vgl. E. H. MEYER 433). – DWb. 10/1, 716; Fischer 5, 1388; Schweiz. 3, 1200; SDS V, 71.

Sichel-löse f.: dass. wie → *Sichelhenke(t)* KARSAU/UMFR., E. H. MEYER 433. – Das Grundwort geht wohl auf → *lösen 2b* zurück; vgl. auch die Anm. in SCHWEIZ. 3, 1444f. – Els. 1, 615 (*Sichlelösing*); SDS V, 71; Schweiz. 3, 1444 (*Sichelösete*).

sicheln *siχlə* O.SCHEFFL.; *siχlə* ZELL-WEIERB., OHLSB.; *siχlə* verbr. Kaiserstuhl, AUGGEN, SCHLIENGEN, BINZEN, WEIL A. RH.; Part.: *gsiχlt* O.SCHEFFL. – schw.: ‚mit der → *Sichel 1* (ab)schneiden (z. B. das Unkraut im Weinberg)' ROEDDER VSPR. 526b, KREUTZ 41. 88, HÖFFLIN 227, KRÜCKELS 117f., MALSCH (ETTL.)/WKW 78, OHLSB./eb., BINZEN/eb. – Vgl. *grasen 2a, jäten 1, scherren 2b*. – DWb. 10/1, 716; Els. 2, 322; Fischer 5, 1390; Pfälz. 6, 90; SDS VII, 85; Schweiz. 7, 190; Südhess. 5, 1012.

Sichel-scheit „Sischelscheid" PHILIPPSBURG. – n.: wohl dass. wie → *Sielscheit* ODENWALD MPH. 65. – Gehört vermutlich nicht zu *Sichel 1* bzw. ist eine volksetymologische Deutung; vgl. dazu das Stichwort *Ziehchelscheit* in PFÄLZ. 6, 1601. Zum Grundwort s. → *I Scheit 2*. – Vgl. *Ziehscheit*. – Pfälz. 6, 90; Schweiz. 8, 1518 (*Sichelschīt*, andere Bed.).

Sichel-schmied m.: ‚Handwerker, der Sicheln (→ *Sichel 1*) herstellt' K. SCHMIDT HAUSN. 125. – Mhd. *sichelsmit*. – Vgl. *Billen-, Löffelschmied*. – DWb. 10/1, 717; Fischer 5, 1388; Schweiz 9, 863.

Sichel-schmiede f.: **1)** ‚Werkstatt des Sichelschmieds' K. SCHMIDT HAUSN. 125. – **2)** Hausn. FREIB.; 1565 *zur Sichelschmiden* K. SCHMIDT HAUSN. 125. – Vgl. *Löffelschmiede*. – Fischer 5, 1389 (*Sichelschmitte*).

sicher *siχər* WERTHM., O.SCHEFFL.; *siš̌ʋr* EBERB.; *siχʋ* HANDSCH., NUSSLOCH, ASB., RAPP., NEUENBÜRG, MÖRSCH, ÖSCHELBRONN, HALBERSTUNG, SASBACHWA., SCHUTTERWALD; *sišʋ* OFTERSHM; *siχr* KAPPELWI., LEGELSH., ICHENHM, REUTE (EMM.); *seχr* HONAU, KORK, ECKARTSW., JECHTGN; *siχər* ALTENHM, TRIBG, PFULLEND.; *sixər* BURKHM, NEUST.; *sexr* GRISSHM, ISTEIN; *sįχr* HERDERN, NEUENWEG, WELMLGN, KIRCHEN (EFRGN), RICKENB., LENZK., DITTISHSN, GÜNDELWANGEN, IMMENEICH, ÜHLGN; *siχər* JESTET. – Adj., Adv.: **1)** ‚geschützt, ungefährdet' LENZ WB. 65b, FREI SCHBR. 150; LIÉBRAY 276, MÖRSCH, BURKART 121, SASBACHWA., HARTMANN 55, WILLINGER 65, SCHWEICKART 41, SCHECHER 81, BRUNNER 60. 174. 181. 213, CLAUDIN 62. 195. 208, NEUENWEG, GESSER 19. 143, R. E. KELLER JEST. 62; *das mv siχr gsī sind* ‚damit wir ungefährdet waren' ÜHLGN; *į də nẹiə hajməd* (Heimat) *iš s am siχəršdə* 1978 GRISSHM; „Dann do wersch sicher seiñ" NADLER 110;

Is dann uffem Feld die Rüb / Sicher in der Nacht vor Dieb? eb. 183; *me het nit viil, un bruucht nit viil, / un isch doch sicher vor Diebe* HEBEL 9, 81; *lueg, öb alles sicher isch un niene ke Volch stoht!* eb. 16, 112; *Ou dr Schmitëlënz hät müasë s Gwêrli verkalte anëmë sichere Pläzli* O. FWGLR 7; auch substantiviert als „*sischas*" ‚Sicheres' FREI SCHBR. 150, *sei(n) Sisch(er)s hawe* ‚eine gesicherte, ungefährdete Existenz haben' LITTERER 310; Ra.: *vor dem is nigs sicher!* ‚vor ihm muss man sich in Acht nehmen' PLATZ 297; *fǫr dém is nigs sixʋr wi glīənd aisə ųn mįlšdē* ‚vor dem ist nichts sicher, abgesehen von glühendem Eisen und Mühlsteinen', von einem Dieb gesagt 1951 EBERB.; *saīs lęwəs nęt sixʋ* ‚in Lebensgefahr' MEIS. WB. 155a; *bī* (hier) *iš mŏr jo saīs lęwəs nēt sixər* ROEDDER VSPR. 526b; *do isch d'r fürnemm Dürk schier 's Lewes nimmi sicher gsi* GANTHER STECHP. 129. – **2)** ‚gewiss, zweifellos' PLATZ 297, ASB., NEUENBÜRG, ÖSCHELBRONN, HALBERSTUNG, SASBACHWA., ICHENHM, TRIBG, KLEIBER BURKHM 20, REUTE (EMM.), HERDERN, NEUENWEG, KIRCHEN (EFRGN), RICKENB., IMMENEICH, GUTMADGN, PFULLEND.; *jā sixər* ‚ja, gewiss' ALTENHM; *awʋ sixʋ* ‚ganz gewiss' NUSSLOCH; *sixʋ khumə* ‚zweifellos kommen' MEIS. WB. 155a; ähnlich *jō, jō, ix khųm, gand sixr* KETTERER 28; *sęl iš sixr* ‚das ist gewiss, steht fest' DITTISHSN; *dō had s sixʋ gnūg blads* ‚dort steht gewiss genug Platz zur Verfügung' NEUENBÜRG; *dswandsix marik sixər daš fərlaŋə* ‚20 Mark werden sie gewiss verlangen, zum mindesten' ROEDDER VSPR. 526b; *Ganz sicher hockt 'r schu amenorts* GANTHER STECHP. 72; *'s wurd sicher d'rfür sunsch amenorts harze un habbere* eb. 87; *des iš jeds holds wō sixr šu dswaihundərd jōr dō drin iš* 1971 GÜNDELWANGEN; Ra.: *des iš ais was sixr iš* ‚das ist zweifellos so' WELMLGN; *Des isch so sicher wiä s'Amen in dr Kirich* ‚das ist ganz gewiss' SCHUTTERWALD/BRAUNSTEIN; Alemannische Logik: *Sicher isch, daß 3 Pfund Rindfleisch besser sin, wiä 10 Pfund Epfel* SCHMIDER KK 2, 38; vgl. *gewiß 1, jedenfalls.* – **3)** ‚keinen Zweifel habend' 1978 BURKHM; *bisch sichr?* ‚hast du keinerlei Zweifel?' REUTE (EMM.); negiert: *i bī abr au ni gands sixr* NEUENWEG; vgl. *vergewissert.* – **4)** ‚geübt, gewandt aufgrund von Erfahrung' PLATZ 297; *wemer mit eme sichere Schlag so en Schtok umkert* O. FWGLR 55; *Bin ich leis un sicher, wie schun öfder, gschtiche* (gestiegen) NADLER 186; vgl. *firm, geschickt 3.* – **5)** ‚zuverlässig' PLATZ 297; *Ich hauw e sicher Middel gfunne for die Schulde* NADLER 64; feste Fügung: *numərō sixər* ‚Gefängnis' ROEDDER VSPR. 527a; *un d'r Gsell ha i uf Nummero Sicher schaffe müen. Dia Nummero isch awwer schien's nit arg sicher gsi* GANTHER STECHP. 22; jedoch auch mit anderer Bed.: *Un unser Prodogoll schteht Numro Sicher* ‚ist zuverlässig fertiggestellt' NADLER 82. – Ahd. *sihhur(i)*, mhd. *sicher*, entl. aus lat. *secūrus*, vgl. KLUGE 671. – Weiteres → *best, Taktstock, desto, Tod 1, dürfen 2c, Eisen 1, Karspüle, langsam 1, Leben 1a, letzt 1, Mädle 1c, Mühle 1, Nagelschmied, Ort 3a, Sach(e) 2a. 4a, Sack 1a, Schatz 2a, Schlatt 1, Schlawack 2b, Schochen 2, I Schoppen 2a, I selber B, stehen*; vgl. *bomben-, todsicher, himmelsicherwahr, narrensicher.* – DWb. 10/1, 717; Els. 2, 322; Fischer 5, 1389; Pfälz. 6, 90; Schweiz. 7, 174; Südhess. 5, 1013.

R **Sicherei** f.: ‚Küche' PFULLEND./KLUGE R. 342. – Fischer 5, 1389.

R **Sicherei-sore** f.: ‚Küchengerätschaften' PFULLEND./KLUGE R. 342. – Zum Grundwort s. → *Sore.* – Fischer 5, 1389.

Sicher-heit *sišʋhaid* LAUDENB.; *sixərhait* O.SCHEFFL.; *sišəhaid* OFTERSHM; *sixʋhaid* RAPP., MÖRSCH; *sixərhaid* FRIESENHM; *sixrhaid* IMMENEICH. – f.: **1)** ‚Zustand des Geschützt-, Ungefährdetseins' 1976 LAUDENB., LIÉBRAY 276, MEIS. WB. 155a, MÖRSCH, REUTE (EMM.); *wan d gə sixərhait gewə khāšt* ROEDDER VSPR. 527a; vgl. *Garantie, Scherme, I Schutz.* – **2)** ‚Zuverlässigkeit, Entschiedenheit' 1980 FRIESENHM; 1616 *item alle die, so ime von eim burgermeister gefänglichen anzuenemen bevohlen werden, mit gueter sicherheit anzuegreifen, gefenglichen anzuenemen, in gefengnus zue fuehren,* … NEUENB. STADTR. 125; *mįd nündsg protsęnt sįxrhaid* ‚mit einer Zuverlässigkeit von neunzig Prozent' 1955 IMMENEICH; vgl. *Verlaß.* – **3)** ‚Gemeindepolizei, auch -polizist' HASLACH I. K./ZFDMU. 1918, 148; *das war der Chef der öffentlichen Sicherheit, der Polizeidiener Siebenhaller* HANSJAK. SCHNEEB. 3, 93; *Aehnlich wie im Kinzigthal bei den Bauern der Polizeidiener „die Sicherheit" genannt wird, so heißt er in den Dörfern am See „der Polizei"* eb.; *Unter Tags amtete der Felix nun als „Sicherheit", und am Abend wanderte er … hinab in den Hirschbach und fuhr in einer der Gruben seines Bruders, um die Nacht über Erz zu graben* HANSJAK. ERZB. 254; vgl. *Polizist, Gemeindediener, Sauvegarde, Schandarm 1, Schütz 2.* – Ahd. *sihhurheit*, mhd. *sicherheit* ‚Sicherheit, Sorglosigkeit, Unbesorgtheit, Sicherung, Schutz'. – Weiteres → *B(e)stand 1b.* – DWb. 10/1, 724; Fischer 5, 1389. 6/2, 3113; Pfälz. 6, 91; Schweiz. 7, 184; Südhess. 5, 1013.

Sicherheits-g(l)ufe *sixərhaidsgūf* verbr. Ortenau; *sexrheidsgūf* ALTENHM; *sixərheidsgūf* ALTENHM, OTTENHM; *sixərhaidsgūfə* YACH; *sixərhaįdsgūfə* BLEIB.; „*séchrhäitsglūv*" HINTSCHGN; *sixərhaitsklufə* RAITHASLACH. – f.: dass. wie → *Sicherheitsnadel* FOHRER 65; *mit der Sicherheitsguf wird etwas deilbott (bisweilen) angesteckt* URLOFFEN/OCHS-FESTSCHR. 265. – Das Grundwort (s. → *Glufe 3, Gufe 3*) geht auf mhd. *g(l)ufe* ‚Stecknadel' zurück. – Schweiz. 2, 608.

Sicherheits-nadel *sišrhaidsnōdl* EBERB.; *sixərhaidšnōdl* O.SCHEFFL.; *sišəhaidsnōdl* OFTERSHM; *sęxrheidsnųdl* AUENHM; *sixərheidsnųdl* LEGELSH., SUNDHM, HOHNH.; *sixərhęidsnōdəl* ERLACH, HASLACH (OBERK.), ZUSENHFN; *sixərhaidsnōdəl* MARLEN, KITTERSBURG, ICHENHM; *sixərhaidsnōdəl* BOHLSB., ZELL-WEIERB., ZUNSW., SCHUTTERZ., KÜRZ., DIERSBURG, GENGENB., HEILIGENZ., LANGENWI., DINGLGN; *sixərheidsnōdəl* LANGH., MÜLLEN, SCHUTTERWALD, DUNDENHM, MEISSENHM; *sexrheidsnōdl* ALTENHM; *sixərhaidsnōdəl* SCHAPB., O.WOLF., EINB. (HAUS.), SEELB., WOLFACH, HAUSACH, WALDAU; *sixərhaidsnōdlə* GLOTTERT.; Pl.: *sixrāidsnōdlə* LITZELSTET.; Dim.: *sixərhaidšnēdələ* O.SCHEFFL. – f.: ‚gebogene Nadel mit Verschluss (zum Zusammenhalten von Stoff/Textilien)' ROEDDER VSPR. 527a, LIÉBRAY 276, MENG 141, FOHRER 65. – Vgl. *Glufe 3, Gufe 3, Herzgufe, Hexenguft, Klemmer 3, Schließgufe, Sicherheits(l)ufe.* – Fischer 6/2, 3113; Pfälz. 6, 91; Südhess. 5, 1013.

I **sichern** → *I versichern 1a.b.*

R II **sichern** schw.: ‚schmälzen, (aus)sieden' KLUGE R. 337. 344; *gsicheret* (Part.) ‚gesotten' eb. 340. – Vgl. *II versichern.* – Fischer 5, 1389; Pfälz. 6, 91; Schweiz. 7, 179.

Sicherung *sixruŋ* ÜHLGN; Pl.: *sixruŋə* ÜHLGN; *sixxəriŋə* WANGEN (HÖRI). – f.: ‚Schutzvorrichtung an elektrischen Anlagen, die bei Überlastung/Störungen den Stromkreis unterbricht' SINGER HÖRI 31; *s het (is)* (uns) *d Sicherunge durchghaue* ‚es gab einen Kurzschluss, so dass die Sicherungen durchbrannten' 1937 FREIB. (vgl. *durchbrennen 1, -hauen 1b*); *dan hęmʋ diə sixruŋə ūsgšrūbət* ‚dann haben wir die Sicherungen herausgeschraubt' 1979 ÜHLGN. – Mhd. *sicherunge* ‚Sicherung, Schutz, Sicherstellung, Bürgschaft'. – Vgl. *Ver-, Idiotensicherung.* – DWb. 10/1, 736; Pfälz. 6, 91; Schweiz. 7, 186; Südhess. 5, 1014.

sicher-wahr in → *himmelsicherwahr.*

Sichler m.: **1)** dass. wie → *Sichelschmied* K. Schmidt Hausn. 125. – **2)** FN Freib., Berufsname; 1397 *Sichler burger ze Friburg* K. Schmidt Hausn. 125. – DWb. 10/1, 737; Schweiz. 7, 190.

Sicht *sį́šd* Laudenr.; *sixt* Weiler (Pforzh.), Sasbachwa., Furtwangen, Hausen i. T.; *sį̄xt* Nordrach; *sįxt* Eschb. (Freib.). – f.: **1)** ‚Möglichkeit, (in die Ferne) zu sehen, Aus-, Weitblick'; *guvti Sicht* Reute (Emm.); *mv hed šēn sį̄xt* ‚man hat einen schönen Ausblick' 1955 Nordrach. – **2) a)** ‚Entfernung, in der man etwas erkennen kann, Sehweite'; *kǭm ęn halwə mēdv had mv sixt khet* ‚kaum einen halben Meter weit konnte man sehen' 1955 Weiler (Pforzh.); *sobald sō ēbiŋə įn sixt kǫmən iš* ‚sobald man Ebingen (aus der Ferne) erkennen konnte' 1955 Hausen i. T. – **b)** übertr.: *auf laŋe sixt gsēə* ‚über einen längeren Zeitraum hinweg betrachtet' 1974 Furtwangen; *uf wēsəndlix lęŋərə sixt šafə* ‚die Arbeit für/über einen wesentlich längeren Zeitraum planen' 1955 Sasbachwa.; *s sai ę neįə įn sixt* ‚(man sagt) es sei ein neuer (Pächter) absehbar/zu erwarten' 1982 Eschb. (Freib.). – **3)** ‚Betrachtungs-, Sehweise' 1976 Laudenb. – Mhd. *siht* ‚das Sehen, Ansehen, Anblick, Vision'. – Vgl. *Ab-, An-, Aussicht, Besichtigung, Ein-, Vor-, Ge-, Ob-, Rück-, Um-, Zuversicht*; vgl. *Prospekt*. – DWb. 10/1, 737; Fischer 5, 1390; Pfälz. 6, 91; Schweiz. 7, 245; Südhess. 5, 1014.

sichtbar *sixdbār* Ichenhm; *sixbār* U.bränd. – Adj.: ‚deutlich zu sehen' 1955 Ichenhm; *dęr mā hed įmv müsə sixbār sī* 1982 U.bränd; *so das Schweri sichtber anegschriibe, / aber d Freud isch in de n Auge blüibe* Baum Huus 32; *Un sichtber, wie n er nööcher chunnt, / umstrahlt si au sy Gsichtli rund* Hebel 37, 55. – Mhd. *sihtbære* (in Lexer mhd. 2, 920 abgeleitet aus dem Subst. *sihtbærlīcheit*). – Vgl. *unsichtbar*; vgl. *sichtig 1*. – DWb. 10/1, 740; Fischer 5, 1390; Pfälz. 6, 91; Schweiz. 7, 264; Südhess. 5, 1014.

Sichte ‚Milchsieb' → *Sechte 1*.

sichten „*sichdv*" Reute (Emm.). – schw.: **1)** ‚seihen, sieben' Bergalgn/Umfr. – **2)** ‚ordnend durchsehen, sortieren' Reute (Emm.). – Mnd. *sichten* ‚sieben', ist in den hd. Sprachraum offenbar durch die Bibelübersetzung Luthers gekommen (vgl. DWb. 10/1, 745). – Zu Bed. 1 vgl. *sechten 1*, zu Bed. 2 vgl. *aus-, verlesen 1*. – DWb. 10/1, 744; Els. 2, 326; Fischer 5, 1390; Pfälz. 6, 91; Schweiz. 7, 245; SDS VIII, 43.

Sichter m.: ‚Getreidesieb', Teil der Bauernmühle, unterschieden wird zwischen dem *Beutelsichter* und dem *Prismensichter* VfGBaar 27 (1968), 46. – Vgl. *Rüttel 1, Sechter 1*. – DWb. 10/1, 747; Schweiz. 7, 245.

sichtig *sixtig* Konst. – Adj.: ‚klar, hell, sodass gute → *Sicht 1* besteht', z. B. über das Wetter/die Luft gesagt Joos 101a; 1514 *der himel (was) gantz und gar klar und fasst siechtig* Hug Vill. Chr. 54; *glänzig wie d' Sunne, / klar wie ne Brunne, / sichtig wie Glas* Jung Brägel 120. – Mhd. *sihtec, sihtic, sihtig* ‚sichtbar, deutlich'. – Vgl. *an-, vor-, für-, kurz-, nach-, nah-, ober-, übel-, über-, um-, weitsichtig*; vgl. *heiter 1, lichtig*. – DWb. 10/1, 747; Fischer 5, 1390; Pfälz. 6, 91; Schweiz. 7, 264; Südhess. 5, 1014.

sichtlich Adj., Adv.: ‚offenkundig, merklich, in erkennbarem Maße'; *My Süüli, das verchaufi nit, / Se langs no sichtli trüeiht* Burte Mad. 196; *Aber wie de gohsch, würsch sichtli größer un schöner* Hebel 1, 58. – Mhd. *sihtlich* (Adj.) ‚sichtbar, leibhaftig', *sihtlīche* (Adv.). – Vgl. *zusehends*. – DWb. 10/1, 753; Fischer 5, 1390; Schweiz. 7, 270.

Sicke ‚(Laub-)Hütte' → *Sigge*.

Sicken-berg m.: FlN, Ackergewann Weiterdgn; 1461 *uff witterdingen ban und an den Sickenberg* W. Schreiber Zw. 530; 1564 *an dem Siggenberg* eb.; 1668 *Die Gnedig Herrschaft zuo Kreyen hat ain braite 12 J am sickhen berg* eb. – W. Schreiber Zw. 530 vermutet Herkunft aus PN oder FN *Sick*.

Sicken-wald ON: Zinken der Gemeinde Bühlertal im Nordschwarzwald; 1409 *zu Sickenwalde* Krieger 2, 987; 1533 *Sickenwald* eb.; 16. Jh. *Sickhenwaldt* eb. – Laut Alem. 35, 148 zum PN *Sicco*.

Sicker-dole *sigərdōlə* Katzenmoos. – f.?: ‚Grube zum Entwässern von Wiesen' 1968 Katzenmoos. – Zum Grundwort s. → *Dole 1*. – Pfälz. 6, 92; Schweiz. 12, 1689; Südhess. 5, 1014.

sickern *sigərn* Werthm; *sikvn* Handsch. – schw.: ‚allmählich abfließen, rinnen (von Flüssigkeiten, bes. von Wasser)' Platz 297, Lenz Wb. 65b, Handsch./ZfD Mu. 1918, 157. – Laut Kluge 671 erst im 18. Jh. aus dem Nd. ins Hd. übernommen. Das nd. *sikern* ist offenbar eine Bildung zu → *seihen* in der urspr. Bed. ‚langsam und anhaltend tröpfeln'. – Vgl. *verlaufen 2c, heraussädern, rinnen 1a. b, sädern, seckern, suttern*. – DWb. 10/1, 756; Els. 2, 346 (*sickeren*); Fischer 5, 1391 (*sickeren*); Pfälz. 6, 92; Schweiz. 7, 681 (*sickeren*); Südhess. 5, 1014.

Sickes ‚Laubhüttenfest' → *Sigges*.

Sickingen *sígiŋə* Karlsr. – ON: Dorf bei Bretten, gehört heute zum Oberderdinger Ortsteil Flehingen Diemer ON 60, ZfOrtsn. 1931, 113; 784 *in Hufgowe Sicchenheim* Krieger 2, 987; 803 *in pago Creichgowe in villa Sickencheim* eb.; 1344 *Syggingen* eb.; 1449 *Sickyngen*. – Wird in Krieger 2, 991 als „Heim des Sickinc" erklärt. – Pfälz. 6, 92.

Sick(l)inger Grund m.: FlN Sprant.; 1539 *der Hoschen acker vff dem Sickinger grund* E. Schneider Spr. 305; 1727 *Ackher uff dem Sickhlinger Grund* eb.; 1747 *Sicklinger Grundt* eb. – Laut E. Schneider Spr. 305 weist der Name darauf hin, dass sich das Gelände ehemals im Besitz der Grafen von → *Sickingen* befand. Offenbar identisch mit → *Siegrund*.

Sidel *sidl* so und ähnlich Nassig, Hettgn, Hirschlanden, mancherorts Kraichgau. – f.: ‚Sitztruhe, -bank (mit Fächern) zur Aufbewahrung von Vorräten oder Milchtöpfen' Werthm/Wibel Mu. III, 18, Dertgn/Atlas dVk. (Frageb.), Meis. Wb. 154b, 1921 Menzgn, C. Krieger Kraich. 140, E. Schneider Durl. 223, Rapp./ZfhdMu. 2, 110; *auf die Sittel setzt man sich* Götzelmann 381. – Mhd. *sidel(e)* ‚Sitz, Sessel, Bank'. – Vgl. *(A)us-, Milchsidel*; vgl. *Trog 3d, Sedel 1c*. – DWb. 10/1, 757; Fischer 5, 1391; Pfälz. 6, 92; Schweiz. 7, 300; SDS VII, 178. 179. 183; Südhess. 5, 1015.

Side(r)-birne *sidəbīrə* Rapp. – f.: ‚Champagnerbirne', eine Mostbirnensorte Meis. Wb. 154b; *Siderbire* Rapp./Mitteil. 1915, 378. – Laut Meis. Wb. 154b zu franz. *cidre* ‚Apfelwein'. – Vgl. *Palmischbirnen, Klotz-, Rauh-, Rollerbirne*.

Sidian *sidjan* Werthm; *sī́djān* Tauberbisch.; *sīdiān* Pülfrgn, Lahr; *südiān* Hettgn; *sūdian* Hirschlanden; *sī́dijān* O.scheffl.; *sī́diān* Östrgn; *sidian* Karlsr., Pforzhm, Bühl (Rast.), Ottersw., Achern, Kappelrodeck, Urloffen, Endgn, Bötzgn, St. Georgen (Freib.), Ehrenstet., Altenschwand, Sunthsn, mancherorts Hegau; *sī́dian* Hochstet. (Link.), Appenw., Schonach, Neuenburg a. Rh., mancherorts Markgräflerland; *sī́dijan* Vimbuch; *siadjən* Bühlert.; *stə̄djən* Kappelwi.; *sjedian* Neusatz; *stə̄djan* Rheinbisch.; *siədiōn*

NESSELRD; *siədian* SCHUTTERWALD, HOFW., SUNTHSN, HARTHM (FREIB.), FELDBG; *sīdiān* GENGENB.; *sīdi̯ān* ETTHM; *sedian* MÜNCHW.; *sīdi̯ən* KENZGN; *sídiōn* EMMENDGN; *si̯ədian* mancherorts ob. Markgräflerland; *sidiān* STEINEN; *si̯ədian* WEHR; *sidi̯ān* KONST.; Pl.: *sidiane* FREIB., mancherorts Renchtal. – m.: 1) ‚durchtriebener, böser Mensch, Strolch, Satansbraten', teils anerkennend, meist aber als Schimpfwort, auch für Tiere (HIRSCHLANDEN) oder scherzhaft für heißen Kaffee (NEUSATZ), gebraucht HEILIG GR. 124, DISCHINGER 176, WAGNER 184, R. BAUMANN 96, BURKART 247, RHEINBISCH., 1953 KAPPELRODECK, URLOFFEN/OCHS-FESTSCHR. 265, G. MAIER 158, BRAUNSTEIN N 1, 13, BAYER 62, LAHR, SCHWENDEMANN ORT. 1, 36, FLEIG 134, ENDGN, PFRENGLE HARTHM 36, GLATTES 46, MEIS. VW. 37, A. SÜTTERLIN WB. 34b, SCHÄUBLE WEHR 137, ALTENSCHWAND/UMFR., ELLENBAST 66, JOOS 98, KARLSR./BAD. HEIM. 1916, 54, BÜHL (RAST.)/ZFDMU. 1913, 362, OTTERSW./eb., ACHERN/eb., FELDBG/MARKGR. 1971, 149, Hegau/DER HOHENTW. 1924, 73; *du sidion du!* EICHRODT 42; *du roter Sīdian* NEUENBURG A. RH.; *De bisch e Siädian* BRAUNSTEIN RAA. 33; *das iš en rechter Sidian* ‚ein Kerl, der etwas Besonderes kann, dem alles wider Erwarten gelingt, vor dem man aber auch auf der Hut sein muss' ST. GEORGEN (FREIB.); *den rōdə sīdi̯ān hāwi gfręsə* ‚der ist mir äußerst zuwider' 1932 GENGENB.; „*do, luege, mit derlei Züg's het 'r sie v'rgift, d'r Sidian.*" GANTHER STECHP. 133; *Jetz isch's nadürlig mit Pfeffer un Salz hinder dia Sidiane gange* ‚nun hat man versucht, den Bösewichten habhaft zu werden' eb. 23; *un het schu düchdig ihri Kralle g'spitzt, um dem Sidian, wenn sie ne v'rwittsche, d'Auge rus z'kratze* eb. 12; „*Du liedrige Daigaff! Süidian, Lumpesäckel, i bach der go aini in d Fresse!*" BAUM HUUS 64. – 2) verhüllend für → *Satan 1* PLATZ 262, HETTGN, ROEDDER VSPR. 527b, EMMENDGN, KENZGN/ZFHDMU. 3, 94. – Wohl zu franz. *citoyen* ‚Bürger' im Zusammenhang mit den Geschehnissen der französischen Revolution entlehnt (vgl. FISCHER 5, 1392). Die diphthongierten Formen wurden möglicherweise durch volksetymologische Anlehnung an Worte wie → *Siech* oder → *sieden* (im Sinne von ‚hitzig aufbrausen') gebildet. – Weiteres → *gespenstig*; vgl. *Heiland-, Herrgott-, Herrschaftsidian*; zu Bed. 1 vgl. *Kaib 2a, Satan 2a. b, Siech 1a. b.* – Els. 2, 327; Fischer 5, 1392. 6/2, 3114; Pfälz. 6, 92; Schweiz. 7, 309; Südhess. 5, 1015.

Sidians-teufel *sīdiansdeifl* SCHONACH. – m.: offenbar dass. wie → *Sidian 1* FLEIG 134. – Vgl. *Satansteufel*. – Südhess. 5, 1015.

sie Pers. Pron. 3. Pers. → *er 1*αβ. γ. 2αβ. 2bα.

Sieb *sīb* WERTHM, HETTGN, O.SCHEFFL., HANDSCH., OFTERSHM, RAPP., verbr. nördl. bis südl. Schwarzwald, Klettgau, mancherorts Baar, MÖHRGN, HEINSTET., SCHWENNGN, GUTENSTEIN, ENGELSWIES, MESSK., SAULD., mancherorts südl. Hegau, Bodanrück, PFULLEND., BURGWLR, SALEM; *sib* RHEINSHM, HOCHSTET. (LINK.), EGGENSTEIN, MÖRSCH, OTTERSD., HÜGELSHM, KORK, mancherorts Hegau, Höri, Bodanrück, Linzgau; *si̯b* verbr. in der Rheinebene von AU A. RH. bis LEGELSH., IHRGN, SCHWAND., HONSTET., STOCKACH, HEMMENHFN, verbr. Linzgau; *sīb* verbr. nördl. bis südl. Schwarzwald, Kaiserstuhl, ob. Markgräflerland, Hotzenwald, RHEINWLR, WEIL A. RH., DONAUESCHGN, DANGSTET., BÜSSLGN, BÜSGN, HEINSTET., LEIBERTGN, MEERSBURG; *seb* verbr. Hanauerland; *sēb* LAUTENB. (RENCH), KIPPENHEIMWLR, JECHTGN, GRISSHM; *si̯p* HERDERN; *sēp* GRISSHM, ISTEIN; *sip* STOCKACH, KLUFTERN; *sip* STAHRGN, BONND. (ÜBERLGN); Pl.: *sīwər* HETTGN, O.SCHEFFL.; *sība* OFTERSHM; *sīwə* RAPP., MUGGENSTURM; *si̯wər* O.WEIER (RAST.), MUGGENSTURM; *si̯bə* RHEINBISCH.; *sīb* GÜNDELWANGEN, ESCHB. (WALDSH.), MÖHRGN; *sībər* MÖHRGN; *si̯br* HONSTET.; Pl. wie Sg. in: BRIGACH, HERDERN, LANGENO., SCHÖNENBG, ENGEN, HAUSEN I. T., LIGGERSD.; Dim.: *sībli̯* HETTGN, O.SCHEFFL.; *si̯bli̯* BLEIB., DENZLGN, INZLGN, SCHWÖRST.; *sible* MÖHRGN; *sibli* SINGEN A. H. – f. in AUENHM, ALTENHM, sonst n.: 1) ‚Gerät mit löchrigem Boden, mit dem durch Rütteln Gröberes von Feinerem getrennt wird', z. B. für Getreide oder Mehl verwendet, bisweilen aber auch für Milch (vgl. → *Seihe*) PLATZ 297, LENZ WB. 65b, LIÉBRAY 275, WAGNER 184, 1965 EGGENSTEIN, SCHRAMBKE 99. 122, MÖRSCH, RUF 42, BAUR 61. 94, BURKART 22, HARTMANN 54. 114, MENG 80. 154, WILLINGER 28, 1979 ÖDSB., 1977 ZELL-WEIERB., FOHRER 81, 1978 IB. (OFFB.), METRICH 65, 1977 STEINACH, SCHULZE 73, BRUNNER 63. 184, TWISTE 28. 49, GESSER 53, FLEIG 134, BESCH 25, 1972 ST. PETER 1974 FURTWANGEN, 1982 VILLGN, 1982 KLENGEN, 1977 DÖGGINGEN, BONND. I. SCHW., 1973 SCHWÖRST., W. ROTHMUND 15, 1979 KRENKGN, R. E. KELLER JEST. 74, KIRNER 60f. 67, W. SCHREIBER 15. 27, 1982 RADOLFZ., FUCHS 26. 110, E. DREHER 23, O.WEIER (RAST.)/ZFD MU. 1916, 284; *grōwi sīb* ‚grobe Siebe' 1977 FISCHERB.; *s gloi sīb* ‚das kleine Sieb (fein)' 1978 SCHAPB.; *ə xli̯nnər si̯b* ‚ein kleineres Sieb' 1976 BÜSGN; *ə sēb fol* ‚ein Sieb voll' CLAUDIN 173; *ụn dọ hed ma au egždra ə sīb mīəsə hā für des korn* 1971 GÜNDELWANGEN; *mi̯m sīb iš s folšd* (vollends) *sauwv gmaxd wọrə* 1975 LICHTENAU; Ra.: *ə gədextnis wi ə sīb* ‚vergesslich sein' MEIS. WB. 153b, ähnlich ROEDDER VSPR. 527a; *där hadd è Herrn* (Hirn) *wiè Süib* RITTLER 178. – 2) Hausn. FREIB.; 1565 *Hauß zum heyrenen Syb* K. SCHMIDT HAUSN. 125. – Mhd. *sip, sib.* – Weiteres → *reitern, schöpfen 1a*; vgl. *Ähr-, Tee-, Dinkel-, Draht-, Trefzgen-, Fesen-, Kleesamen-, Korn-, Langlöchle-, Loch-, Mehl-, Milch-, Radenbollen-, Raden-, Rollen-, Samen-, Sand-, Schefen-, Spelzen-, Stab-, Staub-, Stroh-, Weizensieb*; vgl. *Glarrbock 1, Rän(d)el 1, Red, II Reiter, Sechter 1, Seiher 1.* – ALA II, 28; DWb. 10/1, 773; Eichhoff II, 79; Els. 2, 318 (*Sib*); Fischer 5, 1380 (*Sib*); Pfälz. 6, 94. Kt. 349; Schweiz. 7, 42 (*Sib*); SDS V, 166. VIII, 44; Südhess. 5, 1016.

Si(e)-bach *sībax* RADOLFZ. – m.: FlN, Name kleiner Wasserläufe KÖNDRGN, RADOLFZ., ALEM. 35, 148; 1528 *auf dem Sybach* KRIEGER 2, 992; 1677 *vnden auf den alten Seybach* HEGAU-FLURN. 7, 59; 1715 *Aufgang am Sybach* eb.; 1876 *Sibach* eb.; identisch mit *Sibachgraben* RADOLFZ./HEGAU-FLURN. 7, 59; 1715 *am Sybach graben* eb. – Wohl zu mhd. *sīgen, sīhen* ‚tröpfelnd sickern, fließen'.

Sieb-drehen n.: Aberglaube, Weissagekunst (um 1700) zur Überführung eines Diebes, Übeltäters durch das Drehen eines Siebes (→ *Sieb 1*). Diejenige Person, bei der der → *Siebdreher* das Sieb zum Laufen bringt, ist die schuldige ORTEN. 1959, 236. – Zu *I drehen 2*. Weiteres zum *S.* bei H. BÄCHTOLD ABERGL. 7, 1686. – DWb. 10/1, 779; Pfälz. 6, 96; Schweiz. 14, 696 (*Siblidräjen*).

Sieb-dreher m.: ‚Weissager, derjenige, der durch das → *Siebdrehen* den Übeltäter stellt' ORTEN. 1959, 236; *dann er war ein rechter Schwartzkünstler, Siebdreher und Teuffelsbanner* SIMPLIC. SCHOLTE 160; *schwartzkünstlerischen Lumpen, Siebträhern, Segensprechern und so beschaffenem Gesindel* GRIMMELSHSN 2, 512. – DWb. 10/1, 779; Fischer 6/2, 3111 (*Sibdreer*); Pfälz. 6, 96; Schweiz. 14, 713 (*Sibdrä(i̯)er*).

siebeln *sibla* MÖHRGN, HEMMENHFN; *si̯bla* ENGEN; Part.: *ksiblət* MÖHRGN. – schw.: ‚durch ein → *Sieb 1* schütten' KIRNER 67. 436. 478, 1976 ENGEN, SINGER HÖRI 87. – Mhd. *sibelen* ‚sieben'. – Vgl. *I sieben*. – DWb. 10/1, 779; Schweiz. 7, 45 (*siblen*); SDS II, 40. VIII, 43.

I **sieben** *sīwə* HANDSCH., O.SCHEFFL., RAPP., ÖSTRGN, NEUBURGW., MÖRSCH, PFAFFENROT, FREIOLSHM, KUPPENHM, FORB., ALTENHM, PETERST., GRIESB. (FREUDENST.), RIPPOLDSAU, SEELB., SCHILTACH, MÜNCHW., SCHWEIGHSN, SCHÖNWALD, EISENB., KAPPEL (NEUST.), ALTGLASHÜTTEN; *sibə* AU a. RH., AACH, LIGGERSD., STOCKACH, KONST., mancherorts Linzgau; *siwə* OTTERSD., HÜGELSHM, PETERST., SCHÖNWALD, SCHIENEN; *sįwə* HÜGELSHM, SINZHM, HELMLGN, FORB.; *sįwə* HÖRDEN, BÜHLERT., KAPPELWI., ULM (OBERK.), ÖDSB., IB. (OFFB.), MEISSENHM, SCHILTACH, SCHUTTERT., SCHWEIGHSN, mancherorts Kaiserstuhl, DENZLGN; *sįbə* SINZHM, GREFFERN, LICHTENAU, HONAU, LEGELSH., vereinzelt Linzgau; *sebə* AUENHM; *sewə* KORK, ECKARTSW.; *sībə* MAISACH, MÜNCHW., HOFSGRUND, HINTERZTN, PRÄG, BRENDEN, ÜHLGN, mancherorts Hegau, ENGELSWIES, PFULLEND., SALEM, PARADIES, KONST.; *sībv* REUTE (EMM.), HEINSTET.; *sībə* WALTERSHFN, ST. GEORGEN (FREIB.), HERDERN, BUCHENB., VÖGISHM, SCHÖNENBG, SCHLUCHSEE, MAMB., SÄCKGN, RANDEGG; *sībə* KONST.; Part.: *gsībd* O.SCHEFFL., RAPP., PFAFFENROT, REUTE (EMM.); *gsībt* DENZLGN; *ksįwəd* U.KIRNACH; *gsįbt* WALTERSHFN; *ksįbd* HERDERN; *ksībəd, ksįbəd* SAIG; *gsībəd* WIEDEN; *gsįbəd* HAGNAU. – schw.: ‚seihen, durch ein → *Sieb 1* geben, z. B. Getreide, Sand, aber auch Flüssigkeiten wie Milch' LENZ WB. 65b, ROEDDER VSPR. 527a, MEIS. WB. 153b, BAUR 111, MENG 252, WILLINGER 64. 153, SCHECHER 80, FOHRER 85, SCHULZE 73, SCHWENDEMANN ORT. 2, 16, 1992 O.BERGEN, SCHWER 22. 41, HALL Kt. 23, W. SCHREIBER 27, SINGER HÖRI 31. 87, FUCHS 11a, E. DREHER 24, 1981 BONND. (ÜBERLGN), GASSERT 64. 76, JOOS 98; 1819 *Nimm Silberglätte, Bleyweiß, jedes 10 Loth, ... das alles rein gepulfert und gesibt* ARZNEYBUCH BIERBR. 17; *Meel siiwä* DISCHINGER 176; *Sånd siiwä* eb., ähnlich FLEIG 134; *Ăr hòckclot im Cheefy ùnn kchriëgt gsiibty Luft* SCHÄUBLE WEHR 19. – Mhd. *siben* ‚sieben'. – Vgl. *versieben*; vgl. *schwenken 1b, sechten 1*. – ALA II, 27; DWb. 10/1, 779; Els. 2, 318 (*siben*); Fischer 5, 1382 (*siben*); Pfälz. 6, 96; Schweiz. 7, 44; SDS II, 40. V, 165. VIII, 43; Südhess. 5, 1018; SUF IV, 34; VALTS V, 173.

II **sieben** *siwə* WERTHM, O.SCHEFFL., mancherorts Kurpfalz, Bruhrain, Kraichgau, Ufgau, PFORZHM, HÜGELSHM, IFFEZHM, HÖRDEN, MARLEN, mancherorts am östlichen Rand des mittl. Schwarzwalds, an Brigach und Breg, GÜTENB., URACH, WALDAU, EISENB., KAPPEL (NEUST.), ZOZNEGG, AACH-LINZ; *süwə* HETTGN, HIRSCHLANDEN; *sįwə* HEMSB. (WEINH.), EBERB., NEUBURGW., verbr. nördl. und mittl. Schwarzwald, Hanauerland, Ortenau, Kaiserstuhl, nördl. Breisgau und Hochschwarzwald, SALEM, MARKELFGN, WEILHM, HAGNAU; *sewə* vereinz. Hanauerland, ALTENHM, KIPPENHEIMWLR; *sīwə* HÜGELHM, ob. Kinzigtal, REUTE (EMM.), Dreisamtal, PFULLEND., ANSELFGN, SCHLUCHSEE; *sįwə* verbr. mittl. Schwarzwald, Breisgau und Elztal, O.EGGENEN, SCHLUCHSEE; *sįbə* OFTERSHM, FREIOLSHM, OFFENB., MAISACH, PETERST., STEINACH, ZELL a. H., FISCHERB., SCHUTTERT., BREISACH, verbr. Hochschwarzwald, Klettgau, Baar, Hegau, Höri, Bodanrück und Linzgau, oft gleichzeitig mit der Form *sibə* gemeldet, die auch in SANDW. gilt; *sībə* MÜHLENB., U.BIEDERB., O.PRECHT., verbr. westl. Breisgau, Markgräflerland, südl. Schwarzwald, Dinkelberg und Hotzenwald, EWATTGN, AACH, LEIBERTGN; *sībə* SCHENKENZ., KAPPEL I. T., ST. PETER, HOFSGRUND, verbr. Hotzenwald, SCHWENNGN, ENGELSWIES, PFULLEND.; *sībv* REUTE (EMM.), HEINSTET., SCHWENNGN, HAUSEN I. T., GUTENSTEIN; *sįbv* HEINSTET., LEIBERTGN; *sebə* GRISSHM, ISTEIN; *sįbə* BÜSSLGN, HILZGN, RANDEGG, BOHLGN, IZNANG. Die eben genannten Formen werden in der Regel in Verbindung mit dem zugehörigen Substantiv (attributiv) verwendet, z. B.: *Er het sįbə Chinder*. Daneben gibt es noch eine flektierte, drei-, seltener zweisilbige Form, die vorwiegend in isolierter Stellung gebraucht wird, z. B. bei Angaben der Zeit oder bei Antworten auf Fragen, die auf eine Zahlenangabe hinauslaufen u. a., z. B.: *Wann kommst du? um sįwənə!* Diese flektierte Form endet im nördl. Teil des Arbeitsgebietes bis zur Höhe von WAGSH., ACHERN, SASBACHWA. überwiegend auf *-ənə*, südl. davon im mittl. Schwarzwald, der Ortenau, im Breisgau und im Markgräflerland und mancherorts im Wiesental auf *-əni, -ənį*. Vereinzelt im Breisgau, verbreitet im südl. Schwarzwald, auf der Baar und im Hegau enden diese Formen auf *-ini, -inī, -inį, -inį̄*. Um ST. GEORGEN I. SCHW., um MESSK. und im Linzgau findet man überwiegend Endungen auf *-əne*. Weitere Formen: *-ene* BUCHEN, FEUDENHM, FORB. und mancherorts im Linzgau; *-eni* IB. (OFFB.), O.RIMSGN, RADOLFZ.; *-enį* mancherorts Hochschwarzw., BONND. (ÜBERLGN), WINTERSULGEN, RANDEGG; *-ēne* PFORZHM; *-ənį̄, -enį̄* BUCHENB., PFAFFENWLR (VILL.), URACH; *-īnį* KLENGEN. Im Hotzenwald, Klettgau, auf der Höri und dem Bodanrück sind überwiegend zweisilbige Formen mit getilgtem *e* und mit der Endung *-nį* verbreitet, also *sįpnį, sipnį* u. ä. Weitere zweisilbige Form: *simni* LIGGERSD. Bei all diesen Formen ist der in der attributiven Form geschwundene Nasal erhalten. – Num.: 1) attr. ‚die Kardinalzahl 7' PLATZ 297, HEILIG GR. 74, BREUNIG 21, ROEDDER VSPR. 527a, HUMBURGER 215, FREI 26, LIÉBRAY 275, LEHR KURPF. 135, WAGNER 184, O. SEXAUER 123, BAUR 102, G. MÜLLER 35, HEBERLING 6, BURKART 96, HARTMANN 54. 116, MENG 39, SCHWEICKART 38, G. MAIER 159, FOHRER 12. 21. 27. 209, METRICH 62. 64. 133. 153, SCHULZE 66f. 86, JÄGER 5, SCHWENDEMANN ORT. 1, 183, BRUNNER 62. 139, BESCH 25, WAHR 26, KLAUSMANN BR. 25, BECK 195, CLAUDIN 32. 64. 182, KETTERER 60f, SIEFERT 93, GESSER 52. 164. 179, KIRNER 44, SINGER HÖRI 82, W. SCHREIBER 27, E. DREHER 91, ELLENBAST 66. 86, ZINSMEISTER 59, JOOS 98. 257, HANDSCH./ZFDMU. 1918, 157, O.WEIER (RAST.)/eb. 1916, 284; O.SCHOPFHM/ZFHDMU. 1, 331, RÜSSWIHL/MEIN HEIMATL. 1937, 212; 1371 *mag er in denne erzúgen mit siben mannen, die unversprochen* (unbescholten) *sint* VILL. STADTR. 30; *daz der schulthais nieman rihten sol... , er habe denne súben rihter oder me* eb. 62; 1490 *so sol er in siben náchten den nächsten uß der statt gon* eb. 98; *Siwwä Deeg* (Tage) DISCHINGER 177; *v wox hed siwə dåg* 1978 WALDAU, ähnlich NADLER 64; *di siwwə Waldäafa* Bezeichnung für die sieben Gemeinden, die im Hardtwald bei Schwetzingen Nutzungsrechte hatten FREI SCHBR. 150; *siebe Wuche no Pfingste* HEBEL 16, 226; *So währt's sibe Johr* eb. 6, 123; *lieber siben Engel as so ne brennige Satan* eb. 36, 121; *Un Weiñ darzu en Küwwel voll, / In siwwe Züg zu leere* NADLER 165; *Ich plog* (plage) *mich siwwe ganze Johr schun mit* eb. 196; Ra.: *ein Gesicht wie siewe Deifel* 1935 DURB.; *der gugd įn sįbən eg* ‚er schaut in sieben Ecken, er schielt' 1968 U.BIEDERB.; über eine hochmütige Person sagt man: *dere muß der Aff mit siwe Pfote lause* IFFEZHM; *Hättsch liëber ainy an d' Bagge* *oder siibe Löcher im Chòpf?* (natürlich sieben Löcher, denn die hat man schon) SCHÄUBLE WEHR 14; *des isch òòni funn dä siwwä Dunnaschleschdä* (Donnerschlechten) ‚das ist eine durchtriebene Frau' FREI SCHBR. 150; *Siwwä Kinnä unn kåån Mànn, hodd sèlli Fraa gsaad* DISCHINGER 177, ähnlich OCHS-FESTSCHR. 277; *Äar machd ä G'siächd wé sibbä Dāg Räggäwäddər* HINTSCHGN; *Siwe Sunne schdenn am Himmel* ‚es ist schönstes Wetter' STRUBE TÄIK 15; *dĭ hodn bélds åkhat, wẹn sịwǝ sụ̈nǝ am hịml gšdänǝ sịn* EBERB. GESCHICHTS-BL. 1953, 12; *jéds bịni ụm sịwǝ woxǝ gšaidar* eb.; *Du konnsch di Bett nit on sibbe Zipfel hebe, wenn's nur vüri het* ‚es gibt Dinge, die sich nicht ändern lassen' SCHMIDER KK 2, 27, ähnlich BRUCHSAL; *der hebds Bed an siwè Zibfl* ‚er kommt zu keinem Entschluss' FLEIG 20; Fügung: *siwa saxa* MEIS. WB. 155a; *sei(n) Siwesache z'sammepagge* LITTERER 310, ähnlich BRÄUTIGAM MACH 115, LEHR KURPF. 112, DISCHINGER 171; *D'r G'sell het sini siewe Zwetschge z'sämmepackt un isch heimzodd'lt* GANTHER STECHP. 88; *Gnomme sein Zwekschte sei siwwe un fort* EICHRODT 143 (vgl. *Siebenzwetschgen*); *in siebe Herre Länder* ‚weit und breit' ALBRECHT HS.; *wie man in siebe Herre Länder kein' mehr antrifft* REICH WANDER-BL. 8, ähnlich HEBEL 16, 35; Sprichw.: *E Spatz in d'r Hand isch besser as siwwe Duwe uf 'm Dach* GANTHER STECHP. 141; *Ei Vadder konn sibbe Kinder vehalde, aber sibbe Kinder kei Vadder* sagt man, wenn die Kinder aus dem Haus sind und sich nicht um die Eltern kümmern SCHMIDER KK 2, 28; wenn sich etwas nicht mehr lohnt, sagt man: *Do fange siwwe Katze koi Maus meh* BRUCHSAL; Kindervers: *Heite Spektakel / siebe Hüehner un kei Gackel* ST. MÄRGEN/Schulheft 1968, 6; Volksglaube: Mit einem aus sieben Edelmetallen gegossenen→*Bergspiegel* sieht eine Sympathiedoktorin die Kranken, auch ohne dass sie zu ihr kommen ARMBRUSTER 48; mit dem → *Donnerkeil 1* oder → *Blitzstein*, der sieben Klafter tief in die Erde dringt und nach sieben Jahren wieder auf die Oberfläche kommt, bestreicht man geschwollene Euter ALLEMÜHL/E. H. MEYER 402; ein Mädchen holt in einem Geschirr Wasser aus sieben Brunnen, lässt es gefrieren und prophezeit sich aus den Eisfiguren den Stand des Zukünftigen BONND. I. SCHW./E. H. MEYER 199; weiterer Volksglaube unter → *ersterben*; Sprichwort unter → *I reden 1*. – **2)** isoliert. **a)** in Zeitangaben FEUDENHM, 1976 JÖHLGN, HEBERLING 6, SCHWENDEMANN ORT. I, 181, 1971 REISELFGN, SIEFERT 93, E. DREHER 24. 92, ELLENBAST 66. 86, GASSERT 64. 75, HANDSCH./ZFDMU. 1918, 157, O. WEIER (RAST.)/eb. 1916, 284; *firdəl siwịnị* ‚6.15 Uhr' 1978 WALDAU; *drẹi firdəl siwịnị* ‚6.45 Uhr' eb., ähnlich SCHILTACH, 1981 BONND. (ÜBERLGN); *halbərsịbəni* ‚6.30 Uhr' 1971 SCHWÖRST.; *am sịbəni* ‚um 7 Uhr' 1971 HERRISCHRD, ähnlich LANGENO.; *sịbini uf dr Ührə* REUTE (EMM.); *'s isch siwane* WAGNER 184, ähnlich ST. MÄRGEN/Schulheft 1970, 19; *Kumm ämm siwwänä* DISCHINGER 177; *schdee uf, s isch schunn siwwänä* FREI SCHBR. 150; *diə šdǫnd nit uf fṛr də sibənə* 1971 RANDEN. – **b)** in Mengenangaben, Zählungen SCHWEIGHSN, HANDSCH./ZFDMU. 1918, 157, O. WEIER (RAST.)/eb. 1916, 284; *seks - siwa - åxt* BAUER HEMSB. 54; *mịd sịwǝ* ‚im Alter von 7 Jahren' SCHUTTERWALD; *mịndǝšdǝns fünf seks ǫdv sịba* ADELHSN; *wạn siwǝnǝ kụmǝ ǫdv segsǝ* NUSSLOCH; *dö sịn ẹmǫl seks ǫdr sịba xū* (gekommen) SCHLÄCHTENHAUS; *vor sechs Johr, nei vor siwwini isch es gsi* GANTHER STECHP. 8; *ụnv sịwǝ dö ịš alvhand* ‚bei sieben Kindern ist allerhand geboten' RINKLGN; *dö sịn ụmǝ sịba dagēgǝ gsị* ‚ungefähr sieben waren dagegen' WELMLGN; Ra.: *Siwene grad sei(n) losse* ‚es nicht genau nehmen' LITTERER 310,

ähnlich LEHR KURPF. 112; auch wenn man etwas lässt, wie es ist, obwohl man nicht ganz einverstanden ist, sagt man: *Lämm'r sübini grad si* SCHMIDER KK 2, 30; *dẹr šwẹdsd am daffl ǝ ör wẹg ụn sịwǝnǝ wfǝr nå* sagt man, von einem, der viel redet EBERB. GESCHICHTSBL. 1953, 12; Abzählreim: *1, 2, 3, 4, 5, 6, sieben / eine alte Frau kocht Rüben, / eine alte Frau kocht Speck / un du bischt weg* HETTGN, ähnlich WERTHM, FREIB.; weitere Abzählreime unter → *Friedrich 2b, Lies(e) 1, Landstraße 1, Nest 1, Ringstraße*; Kinderreim und Scherzfrage unter → *sechs 2b*. – **c)** feste Fügung: *zu siebent* ‚als Gruppe von sieben Personen'; *mea sinn dsu siwwäd* FREI SCHBR. 150; *Zu siwwet sin mer ausmarschirt* NADLER 166; „*Hallih halloh, hallih halloh, / 'S wär schlimm, ging's alle Dag eso" / Hammer zu siwwet gsunge* eb. 168. – **3)** in FlN. **a)** *Siebenbirken* (Pl.), *d' siebe birge* STEINACH; Wiesengelände beim → *Rinkeisenbühl*, auf dem früher sieben Birken standen BAD. FLURN. III, 3, 94. – **b)** *Siebenbrunnenbächle* (n.), mu. *sịwǝbrunǝbǝxli* MÜNCHW./SCHWENDEMANN ORT. 3, 102. – **c)** *Siebenbrunnenquelle* (f.), mu. *sịwǝbrunǝqụǝl* MÜNCHW./SCHWENDEMANN ORT. 3, 102. – **d)** *Sieben Eichen* (Pl.), mu. *sịba āịxǝ* MÜLLHM; Aussichtspunkt, an dem eine Gruppe alter Eichen steht W. FISCHER 199; vgl. *Himmelreich 3*. – **e)** *Sieben J(a)ucherten* (Pl.), mu. *sịwǝ jūxǝrdǝ* VÖRSTET.; 1440 *an den syben jüchárten* VÖRSTET./ROOS 99; 1808 *Acker bei den 7 Jauch.* FREIB./BAD. FLURN. I, 3, 230; 1833 *in den 7 Jauch. oder im Rotlaubfeld* eb.; beruht auf dem alten Flächenmaß → *Jauchert*. – **f)** *Sieben Raine* (Pl.), mu. *sịwǝ rai* EICHSTET.; *sịwǝ raí* NIMBURG; 1287 *siben reine* EICHSTET./ROOS 99; 1381 *an den siben reinen* NIMBURG eb.; vgl. *Rain 4a*. – **g)** *Siebenränkel(weg)* (m.), amtl. *Siebenrängleweg*, mu. meist „*siwwerengkel*" genannt ZIEGELHSN; Waldpfad mit vielen Windungen BAD. FLURN. III, 6, 61; zu → *Rank 1* ‚Wegbiegung, Kurve, Kehre'. – **h)** *Siebentagwan* (m.) s. u. → *Tagwan 2a*. – **i)** *Siebenwege* (Pl.), mu. *sịwa wēg* HANDSCH.; Wegstern, -kreuzung ENDGN/E. H. MEYER 556; *Bei de' siwwe weeg häwwe früher di hexe gedanzt* HANDSCH./BAD. FLURN. III, 4, 65, ähnlich 1895 BAHLGN/UMFR. – Ahd. *sibun*, mhd. *siben*, aus germ. **sebun*. – Weiteres (in Auswahl) → *Abbruch 1, abmaschieren, Pfingstdreck 2, Pfirsichbaum, Bier 1, binden 1, Dorothea 2, töten 1, Tunke 1bα, Dutzend, Ecke(e) 1, I ein 3γ, eisenklar, Elle 1, verschlagen 4a, verwandt 2, Floh 1, vormittag, Galgen 1, gescheit 1, G(e)wett, Glaube 1a, I Hafen 1, hälftig, Haus 6bα, herausknöcheln, Herz 8, Hexin, Himmel 3, Himmelsriegel, hinaufkriechen, Kesselbogen, Kind 1a, I Krapp 1, Kreuz 1cβ, Kropf 1a, Kuhdreck, -schwanz 1, III Lapp 1, Laus 1, Lege 1a, Leute 1cγ, I Licht 1b, liederlich 2, Linse 1, Lippel 1, I Maß 1a, Maul 2a, Maus 1, Metzger 1, Morgen 2, morgens, nach I2a, Nacht, Narro 2, naseweis(ig), oder 1a, I Rabe 1, Regenwetter 1, Renner 4a, Rock 3, I Roß 1, Rübe 1a, Rupfigel, Sack 1a, Samstag 1, II Saum, Scheffel 1, I Schippe 3, Schiß 1, Schloß 1a, schluchzen, Schlüsselloch 1, Schnute 2a, schon 2b, I Schoppen 2a, I Schweizer 1, Schwiegerleute, Seegast, I sein 2d, selbst 2, spanisch, Uhr, ungefähr*; vgl. *besiebnen*. – DWb. 10/1, 780; Els. 2, 318 (*sibe(ne)*); Fischer 5, 1380. 6/2, 3112; Pfälz. 6, 96; Schweiz. 7, 46; SDS II, 39. III, 248; SSA II/37.03. II/170.02. IV/2.04; Südhess. 5, 1018.

Sieben- in FlN s. → *II sieben 3*.

Siebenbrunnen-birne f.: PflN; ‚eine früher häufige (Most-)Birnensorte', eig. → *Knausbirne* A. WEBER OBST. 48. – Laut A. WEBER OBST. 48 ist die Birnensorte ein guter Saftspender, weshalb sie auch als *Fassfüller* bez. wird. Der Name S. beruhe darauf, dass sie nach volkstümlichem Glauben so viel Saft wie sieben Brunnen liefere. – Vgl. *Brunnenbirne*. – Fischer 6/2, 3112 (*Sibenbrunnenbir*).

Sieben-durmel ‚einfältiger Mensch' → *Siebenturmel*.
Sieben-eck n.: ‚Zeichen mit sieben Zacken, das vor dem → *Schrättele* schützt' H. Schilli 69. – Vgl. *Schrättelefuß, Sechsstern.* – DWb. 10/1, 803.
Siebene-gücke *sįwənegigə* Tribg. – m.: ‚Widersacher, Unausstehlicher', Schimpfwort Fleig 135. – Etym. unklar; viell. besteht beim Grundwort ein Zusammenhang mit → *Gücke* oder → *Gückel 7. 8* oder → *II Gückler 3*. – Vgl. *Siebenketzer.*
Siebener *siwənv* Rapp.; *siwə̄nər* Pforzhm; Dim.: *sībnərlį* Friesenhm; *simmnrli* Liggersd. – m.: **1)** ‚die Ziffer sieben' Meis. Wb. 155a, O. Sexauer 139. – **2)** ‚rechtwinkliger Riss in Kleidern, in Form der Ziffer sieben'; *vergratzt, verschunne un verschdouße, en Siwwener en de Sunndichshouse, sou muß en rechder Lauser soi* Humburger 129; vgl. *I Riß 1*. – † **3)** ‚Mitglied eines Kollegiums von sieben Männern (z. B. der Schützengesellschaft)'; 1601 *Siebner* E. Schneider Durl. 223; vgl. *Sechser 5*. – **4)** Dim. **a)** ‚kleine Silbermünze, entspricht dem Wert von etwa sieben → *Kreuzer 1*' E. Dreher 92. – **b)** ‚Anordnung der Kugeln im Schnellkugelspiel' Friesenhm; vgl. *Kugeles.* – Mhd. *sibener* ‚einer von sieben (Sachverständigen, Zeugen), Münzstück von sieben Pfennig'. – Weiteres → *Vierer 2*; vgl. *Herzsiebener*, vgl. *Siebenter*. – DWb. 10/1, 804; Els. 2, 318 (*Sibener*); Fischer 5, 1383. 6/2, 3112 (*Sibener*); Pfälz. 6, 99; Schweiz. 7, 61 (*Sibener*); Südhess. 5, 1021.
siebener-lei *sįwənərlai* Waldk. (Elzt.). – Adj.: ‚von sieben Arten'; *am Gründonnerstag wird Spinat aus sįwənərlai gridlį* (Kräutern) *gegessen* 1934 Waldk. (Elzt.). – DWb. 10/1, 805; Fischer 5, 1383.
Sieben-fach n.: ‚ein Hüpfspiel der Kinder', auf den Boden werden sieben Felder aufgemalt, die die Namen der Wochentage erhalten und zusammen die Form eines Kreuzes ergeben 1953 Emmendgn. – Vgl. *Flieger 1b*.
sieben-fach Adj., Adv.: ‚siebenmal genommen, siebenmal so viel/so groß'; *D'Marei vo Rickebach / het e Ding, 's isch siebefach, …* Mein Heimatl. 1930, 131. – Mhd. *sibenvach*. – DWb. 10/1, 805; Fischer 5, 1383; Pfälz. 6, 99.
sieben-farbig Adj.: ‚in sieben verschiedenen Farben'; *Sihsch das Halstuch nit mit sibefarbige Straife … ?* Hebel 39, 72. – DWb. 10/1, 807.
Sieben-gescheiter *sibekšīdə* Möhrgn. – m.: ‚Besserwisser, Überkluger' Kirner 321. – Vgl. *Kochemer 1, Krampoler, Maschores 2e, Schlauberger, Schlaule, Siebenmalgescheiter, Superkluger.* – DWb. 10/1, 808 (unter *siebengescheid*); Pfälz. 6, 99 (unter *siebengescheit*); Schweiz. 8, 265 (*Sibengeschīd*).
Sieben-gestirn *sībegštirn* Lörrach. – n.: **1)** ‚die Plejaden, eine Sterngruppe aus sieben Sternen'; *„Das Siebengestirn verratet mich nicht"* Hebel III, 179. – **2)** ‚Geschwürsucht, Furunkulose' Zimmerm. hs. 283; Volksglaube: *Zu einem* → *Furunkel kommen noch sechs weitere hinzu, bis die Sieben, die heilige Zahl, erreicht ist* Zimmerm. Vhk. 89. – Mhd. *sibengestirne*. – Weiteres → *Gluckhenne 2*; zu Bed. 1 vgl. *Glucke 2*; zu Bed. 2 vgl. *Eiße(n), Karfunkel 2b*. – DWb. 10/1, 808; Fischer 5, 1383; Schweiz. 11, 1545.
Sieben-haar *sįwəhōr* Eberb. – FN. – Urspr. Übername für einen Menschen mit spärlichem Haupthaar; vgl. Konrad Kunze, dtv-Atlas Namenkunde, 3. Auflage, München 2000, S. 141. – Vgl. *Glatt-, Straub-, Weißhaar.* – Pfälz. 6, 99.
Siebenhippen-weible n.: ‚Geistergestalt, die dem Volksglauben nach in mondlosen Nächten Leute in die Irre führt', soll sieben zerrissene Röcke (s. → *I Hippe*) übereinander tragen Künzig Schw. 72; *Siwehippewible* 1921 St. Georgen i. Schw.
sieben-hundert *sįwəhųnərd* Rauenbg (Wiesl.), Karlsd.; *sįwəhųndərt* Au a. Rh.; *sībəhųndərt* O.wolf.; *sibəhųndərt* U.bränd. – Num.: ‚die Zahl 700'; *sįbəhųndərt märk* 1971 U.bränd; *sįwəhųndərt šdįk fį* ‚siebenhundert Stück Vieh' 1955 Au a. Rh.; *for sįbəhųndərt jōr* O.wolf. 1978. – Weiteres → *dreihundert*. – DWb. 10/1, 811; Pfälz. 6, 99.
sieben-karig Adj.: ‚in der Waagrechten siebenteilig', von Gebäuden gesagt; *Der untere Hof … besteht aus einem zweistöckigen Wohnhause, aus einem vor demselben befindlichen 7 kahrigen Oekonomie-Gebäude, …* X. Staiger Salem 410; *rechts vom Hause eine 7 kahrige Fruchtscheuer mit Stallungen* eb. 438. – Vgl. *ein-, fünf-, zweikarig.*
Sieben-ketzer m.: ‚Strolch, arger, siebenfacher Ketzer', Schimpfwort mit eher scherzendem Charakter, im Wiesental; *wart du siebechäzer!* G. Uehlin Wies. 31; *„Wart, du Sibechetzer, e Rippestückli isch besser!"* Hebel 16, 96. – Vgl. *Ketzer 2b, Sternsketzer.* – DWb. 10/1, 812; Schweiz. 3, 596f. (*Siebenchetzer*).
sieben-mal *sįwəmōl* Münchw.; *sibəmọl* Radolfz. – Adv.: ‚zu sieben Malen' Ellenbast 48; *un het d'r Gulde in si Ziahgamriame keit un d'r Riami siewemol drum rum g'wick'lt* Ganther Stechp. 139; Ra.: *Wąr am Dāg siəwə Mōl bądət* (betet) *un siəwə Mōl Hạrdepfl ißt dạr wurd in Ewichkait nit vrdammt wạrə* Münchw. – Weiteres → *Herbst 2, Jahr 1*; vgl. *einmal 1, vier-, fünf-, neun-, zehn-, zwölfmal*. – DWb. 10/1, 813; Fischer 5, 1384; Pfälz. 6, 99.
Siebenmal-gescheiter *sįwəmōlgšaidər* Eberb. – m.: ‚Wichtigtuer' 1952 Eberb. – Siehe auch *Neunmalgescheiter* unter → *gescheit 1*. – Vgl. *Siebengescheiter*. – Südhess. 5, 1022 (unter *siebenmalgescheit*).
Siebenmänner-wein „*Siebemännerwi*" Überlgn a. B. – m.: ‚schlechter, saurer Wein', von dem sieben Männer an einem Glas genug haben Bad. Heim. 1924, 197. – Vgl. *Dreimänner-, Strumpfwein, Rachenputzer 1*. – Fischer 5, 1384.
Siebenmonats-kind n.: **1)** ‚Kind, das bereits im siebten Schwangerschaftsmonat zur Welt gekommen ist'; *si isch e Siwemonetskind, mer sott ere halt e Seschter Kronedaler unterschtelle kenne*, d. h. ihre körperlichen Schwächen mit einer guten Mitgift ausgleichen Etthm. – **2)** Dim. ‚dicker Junge', scherzh.; *ə süwəmōnədskhinlə* Hettgn. – Zu Bed. 1 vgl. *Sechsmonatkindle*, zu Bed. 2 vgl. *Knauel 3, Knorzi 1, Knuppes*. – DWb. 10/1, 815; Els. 1, 449 (*Sibemonetkind*); Pfälz. 6, 100; Südhess. 5, 1022.
Sieben-schläfer *sįwəschlōfər* Werthm; *siwənšs̄lefər* O.-scheffl.; *sįbəšlefv* Oftershm; *sįwəšlefv* Nussloch; *sibəšlefr* Neudgn; *sibəšlefr* Radolfz. – m.: **1)** ‚der → *Siebenschläfertag* (27. Juni)' Werthm; *„wenn's an dem Tag regnet, regnet es noch 7 Wochen"* Humburger 132; vgl. dazu auch die Wetterregeln unter → *Lichtmeß*. – **2)** Tiern. ‚zur Familie der Bilche gehörendes Nagetier, Glis glis', offenbar wegen seines angeblich sieben Monate dauernden Winterschlafs so genannt Platz 297, 1924 Weinhm, Liébray 275, 1926 O.weier (Lahr), 1932 Müllhm und Rheintal. – **3) a)** ‚Langschläfer, jem., der am Morgen spät und nicht gern aufsteht' 1931 Radolfz.; *„da der bäuerliche Tag früh anfängt, ist sieben zum Aufstehen eine späte Stunde"* Roedder Vspr. 527a. – **b)** ‚tiefer, ausdauernder Schlaf'; *dī hewə də sįwəšlefv ą grįgd jeds dō įvv das fešd* (über Vereinsmitglieder gesagt, die sich nicht sehen ließen, um bei einem Fest zu helfen) 1955 Nussloch. – **4)** ‚Rosengalle, durch den Stich der Rosengallwespe verursachter struppiger Auswuchs an den

Zweigen der wilden Rose' NEUDGN; Volksglaube: Wer sich einen solchen *S.* unter das Kopfkissen legt, kann (nur) sieben Stunden schlafen, vgl. H. BÄCHTOLD ABERGL. 7, 1088. 1704. – Weiteres → *Lostag 1b, Ölberger*; zu Bed. 2 vgl. *Ratz 1a*; zu Bed. 3 vgl. *Neune-, Zehneschläfer*; zu Bed. 4 vgl. *Schlafapfel, -kunze 1*. – DWb. 10/1, 818; Fischer 5, 1384; H. Marzell Wb. 3, 1429; Pfälz. 6, 100; Schweiz. 9, 112 (*Sibenschläffer*); Südhess. 5, 1023.

Siebenschläfer-tag *sīwvšlǟfrdag* REUTE (EMM.). – m.: ,der 27. Juni, Gedenktag für die sieben Schläfer' REUTE (EMM.), meist bloß als → *Siebenschläfer* bezeichnet (Wetterregel siehe dort unter 1). – Gemäß einer alten Legende hatten sich während der Christenverfolgung unter Kaiser Decius sieben junge Christen in einer Höhle bei Ephesus versteckt, wurden dort eingemauert, starben aber nicht, sondern schliefen fast 200 Jahre lang. – DWb. 10/1, 818; Pfälz. 6, 100; Südhess. 5, 1023.

Sieben-schlitten *sįwəšlįdə* JECHTGN. – Pl.: ,Übername für die Bewohner von Achkarren 1975 JECHTGN. – Weiteres (Erläuterung) → *Achkarren*.

sieben-schwingig Adj.: ,sieben Schwingmesser habend', von der → *Hanfbreche* gesagt, wenn der obere Rahmen drei und der untere vier Holzmesser hat ÜBERLGN A. B./TH. LACHMANN 280. – Das Grundwort gehört zu → *Schwinge 1a*. – Vgl. *fünfschwingig*. – Fischer 5, 1384.

Sieben-sprung, -sprünge *sįwəšbrųng* ALTENHM; „Siebesprüng" mancherorts Kleiner Odenwald, BEROLZHM. – m. (Pl.): ,alter Tanz mit großen Schritten, sodass die Tänzer geradezu fliegen' 1894 MESSELHSN/UMFR., früher einer der drei Berolzheimer Hochzeitstänze 1894 BEROLZHM/eb., 1926 ALTENHM, REICH HIERON. 110; 1824 *'s sen lustige Weise, / Kupplich (hübsch) un flink, as sott mer dernoh die Siebesprüng tanze* Stüberzent (Kleiner Odenwald)/MEIN HEIMATL. 1927, 200. – Vgl. *Langaus, Sechsschisch*. – DWb. 10/1, 820; Els. 2, 561 (*Sibenersprung*); Fischer 5, 1384. 6/2, 3112; Pfälz. 6, 101; Schweiz. 10, 915; Südhess. 5, 1023.

Sieben-stecher m.: Tiern. ,Libelle' 1939 WALDSH., TIENGEN (WALDSH.). – Syn. unter *Libelle*.

sieben-stündig Adj.: ,sieben Stunden dauernd'; *Noch 're siwweschtündge Fahrt, / War die Hälft vum Fahrgeld gschpart!* NADLER 89. – DWb. 10/1, 822.

Sieben-suppen-hochzeit *siwəsubəhoxtsid* WALDAU. – f.: ,Schwarzwälder Hochzeitsfeier', scherzh.; Anspielung der Schwaben auf die zahlreichen Suppen, die die Schwarzwaldbewohner bei der Hochzeitsfeier auf den Tisch bringen; *ə siwəsubəhoxtsid / sagə se im šwowə n usə / hįn d šwardsweldər* ,eine *S.* haben die Schwarzwälder, sagen sie im Schwabenland draußen' 1973 WALDAU.

Siebentage-tübel *sēwədāgedüwəl* JECHTGN. – m.: ,die Krankheit → *Mumps, Parotitis epidemica*' BRUNNER 260. – Grundwort wohl zu mhd. *tübel*, s. → *Dübel* u. vgl. auch → *Dubel*. – Vgl. *Ziegenpeter*.

sieben-tausend *siwədausənd* HEMSB. (WEINH.); *sįbədūsįg* RANDEGG. – Num.: ,die Zahl 7000' 1976 RANDEGG; *siwədausənd lįdv* (Liter) BAUER HEMSB. 38. – DWb. 10/1, 822.

† **Siebente** m./f.: ,Seelengottesdienst am siebten Tag nach der Beerdigung'; 1371 *Wer, das dehain opher wer von lichan, von sibenden, von drißgosten oder von jarziten* VILL. STADTR. 50; 1403 *es were denn, daz er uf der gotzfart were oder eines capitel brůders der teching ze Nůwenburg begrebte, sibenden, drisgosten oder jarzit were* NEUENB. STADTR. 153. – Mhd. *sibende*, wohl m., wenn auf den siebten Tag nach der Beerdigung (an dem der Gottesdienst stattfindet) fokussiert wird, und f., wenn die Totenmesse selbst gemeint ist. – Weiteres → *Leibfall*; vgl. *dreißigste 2*. – DWb. 10/1, 822 (unter *siebente 4c*); Els. 2, 318 (*Sibenti*); Fischer 5, 1385 (unter *sibent 3*); Schweiz. 7, 58 (unter *siebent*).

Siebenter *siwədv* HANDSCH.; *siwədər* O.SCHEFFL.; *sįwədv* MÖNCHZ.; Dim.: *siwədərlə* O.SCHEFFL. – m.: 1) ,die Ziffer sieben' LENZ I 42b, ROEDDER VSPR. 527a, HANDSCH./ZFDMU. 1918, 157. – 2) ,rechtwinkliger Riss in Kleidern, dessen Form Ähnlichkeit mit der Ziffer 7 hat' ROEDDER VSPR. 143, REICHERT 72; *i hab mər n siwədər nai də rook gərisə* ,ich habe mir einen *S.* in den Rock gerissen' ROEDDER VSPR. 527a. – 3) Dim.: ,kleines silbernes Zwanzigpfennigstück im Wert von etwa 7 Kreuzern'; „anfangs der 80er Jahre [des 19. Jh.] noch von den Alten gebraucht" ROEDDER VSPR. 527a. – Mhd. *sibender*, Nebenform zu *sibener*. – Vgl. *Schippensiebenter*; vgl. *Siebener*. – Els. 2, 318; Pfälz. 6, 102 (*Siebter*).

sieb(en)te(r, -s) *süwəd* HETTGN; *siwəd* HANDSCH., ZAISENHSN; *sibd* RAPP.; *sewəd* HONAU, AUENHM, KORK; *sebdə* KIPPENHEIMWLR; *siwəd* MÜNCHW.; *sįwəd* LENZK.; *sįbd* LÖRRACH; *sibət* MÖHRGN, LIGGERSD.; *sibt* RADOLFZ. – Num.: ,als siebte(r, -s) in einer Reihen- oder Rangfolge', Ordinalzahl, MEIS. WB. 155a, WEISS 172, KETTERER 60, BECK 195, KIRNER 239, E. DREHER 63, ELLENBAST 86, ZAISENHSN/ZFDMU. 1907, 278, HANDSCH./eb. 1918, 157; 1371 *also das sin hant die sibende sie* VILL. STADTR. 30; *də süwəd* ,der Siebte' HETTGN; *də siwəd* SCHWENDEMANN ORT. I, 183; *də sewəd* HARTMANN 132, ähnlich MENG 99, WILLINGER 143; *dr sebdə* METRICH 126; *dè Sibt* ELLENBAST 66; *Biff, baff, biff, baff, bum, bum! / Der Siwwet knallt noch hinnedreiñ* NADLER 69; *un wia 'r in siwwede* (in den siebten Eisenbahnwagen) *nischmeckt, bums, batscht d'r Kundiȩer 's Wagediarli hinderem zuȩ* GANTHER STECHP. 74; *sibti Bitt* ,die siebte Bitte aus dem Vater Unser (Erlöse uns von dem Bösen)' ELLENBAST 66; Ra.: *des ischt òni us dè sibtè Bitt* ,das ist eine böse Frau' eb., ähnlich LAHR, SULZBURG; *si kųnnd sįš för wį įm sibdə hįməl* ,sie ist überglücklich' 1952 EBERB.; Spottvers: ... *die Welledinger Maidli / hen all krummi Füeß. / Di erscht wigt en Vierling, / di zweit ... / di sechst het kone Knii, / jez könnt ihr euch denke, / wie di sibt wird sii* FEHRLE 76, vgl. den ähnlichen Spottvers (über Burschen) unter → *sechste(r, -s)*. – Mhd. *sibende, sib(en)te*. – Weiteres → *Bitte, Tunke 1bα, Gotte 1bα, Himmel 3, Hornung, Most 1b, Seich 1*; vgl. *sechste(r, -s)*. – DWb. 10/1, 822; Fischer 5, 1384; Pfälz. 6, 102; Schweiz. 7, 57; Südhess. 5, 1018 (unter *sieben II*).

Sieben-turmel, -türmel „Siwwädòaml" SCHWETZGN; „Siwwedermel" SANDHSN. – m.: ,einfältiger Mensch' FREI SCHBR. 150, LEHR KURPF. 112. – Zum Grundwort s. → *Turmel 2*. – Vgl. *Handottel, Hannebampel, Lappenduttel, Quadratsimpel, Schmalmittag*. – Pfälz. 6, 101.

sieben-und-achtzig *sįwənəaxdsįg* SCHUTTERWALD; *sįwənəäxdsįg* BOMB.; *siwənəaxtsek* SAIG; *sįwənəaxdsįk* RÖTENB.; *sįbənəaxdsįg* NEUENWEG; *sįbənəaxdsįg* HERRISCHRD. – Num.: ,die Zahl 87'; *sį įš jets sįbənəaxdsįg* ,sie ist jetzt 87 Jahre alt' 2010 HERRISCHRD; *sįwənəaxdsįg bįnį gəbōrə* ,im Jahr 1887 bin ich geboren' 1972 SCHUTTERWALD; *Wann d sou weitersaufsch, werrsch kā achzisch. – Des brauch i net, ich bin schun siwweneachzisch* LEHR KURPF. 112. – DWb. 10/1, 828; Südhess. 5, 1023.

sieben-und-dreißig *sįwənədraįsįg* ÖTIGHM; *sįwənədrįsįg* ZELL-WEIERB., HERBOLZHM (BLEICH); *sįbənədrįsįg* WALDK. (ELZT.); *sįwənədrīsg* MÖNCHWLR, RIETHM; *sįbənədrīsg* SCHWÖRST.; *sįbənədrīsk* O.WIHL; *sibənədrąįsįg* FRICKGN. – Num.: ,die Zahl 37'; *anə sįbənədrīsk* ,anno

www.ingramcontent.com/pod-product-compliance
Lightning Source LLC
Chambersburg PA
CBHW080850010526
44116CB00013B/2090